U0497984

FIFA WORLD CUP
Brasil
国际足联中国唯一合作平面媒体
体坛周报

里卡多·萨莫拉（Ricardo Zamora）——西班牙历史上最出色的守门员之一，亦是西班牙足球史上第一位传奇巨星。

1934年世界杯1/4决赛，西班牙队1比1战平意大利队，两天后进行重赛，西班牙门将未能阻止意大利前锋梅阿查破门得分。

1950

1950年世界杯决赛圈，西班牙队在第2轮对阵东道主巴西队，结果这场在马拉卡纳球场进行的角逐以斗牛士1比6惨败而告终。

西班牙门将拉马列特斯（Antonio Ramallets）未能扑出巴西前锋雅伊尔（Jair）的射门，不得不一次又一次从网中捡球。

1962

1962年世界杯C组最后一轮，尽管队中拥有普斯卡什、亨托等巨星，但西班牙队仍以1比2负于巴西队，未能搭上出线末班车。

西班牙队失利后，临时担任主教练一职的阿根廷人埃雷拉（Helenio Herrera）重返意大利，继续担任国际米兰主教练。

1966年世界杯B组末轮，实力不济的西班牙队1比2不敌西德队，门将埃里瓦尔（Jose Iribar）难以应付德国前锋的"狂轰滥炸"。

西德队长乌韦·席勒（左）在终场前6分钟射门成功，西班牙门将埃里瓦尔（中）奋力扑救却功败垂成，难以力挽狂澜。

1978年世界杯C组首轮，西班牙前锋圣何塞（Isidoro San Jose，红衫）在阿马尔费塔尼球场奋力拼杀却无功而返。

西班牙前锋鲁本·卡诺（Ruben Cano Martinez，左）在奥地利门将孔奇利亚（Friedl Koncilia）面前难施破门绝技。

1982

1982年世界杯开幕式在巴塞罗那诺坎普球场隆重举行，这是中国首次对世界杯足球赛进行大规模电视转播及新闻报道。

西班牙国王胡安·卡洛斯一世致开幕辞，本届世界杯参赛队由16支增至24支，世界杯的影响力也越来越大。

北爱尔兰前锋阿姆斯特朗（Gerry Armstrong，右）偷袭成功，让西班牙队在E组末轮比赛中意外翻船，险些未能出线。

卡马乔作风硬朗，深受西班牙和皇马球迷喜爱。退役后，这位固执己见的人担任过西班牙队和中国队主帅，可惜在中国队任上成绩欠佳。

1986年世界杯1/8决赛，被称为"秃鹫"的西班牙前锋布特拉格诺（Emilio Butragueno）在对丹麦队的比赛中狂进4球。

转瞬之间，布特拉格诺就成为西班牙队中熠熠生辉的明星，可惜的是，斗牛士随即就在1/4决赛中被红魔比利时队挑翻。

1990年世界杯1/8决赛，斗牛士倒在南斯拉夫队脚下，斯托伊科维奇（10号）独中两元，让西班牙门将苏比萨雷塔欲哭无泪。

南斯拉夫球星卡塔尼奇（Srecko Katanec）的防守让西班牙中场马丁·巴斯克斯（Rafael Martin Vazquez）寸步难行。

1994

1994年世界杯1/4决赛，西班牙前锋路易斯·恩里克（21号）的鼻梁被意大利后卫塔索蒂（Mauro Tassotti）打断。

可是阿联酋主裁判布伊赛姆（Ali Mohamed Bujsaim）并未向塔索蒂出示红牌，甚至连黄牌也没掏。

1998年世界杯D组首轮，西班牙门将苏比萨雷塔（Andoni Zubizarreta）居然将一记毫无威胁的传中球碰进自家球网。

尼日利亚队在主教练米卢蒂诺维奇的调兵遣将下，在终场前12分钟，奥利塞赫（Sunday Oliseh）劲射将比分反超为3比2。

2002年韩日世界杯1/4决赛，埃及主裁判甘杜尔（Gamal Mahmoud Ahmed El-Ghandour）严重的偏袒行为惹怒了斗牛士。

面对主裁判赤裸裸的偏袒东道主韩国的行径，西班牙主教练卡马乔再也不能无动于衷了，强压的怒火终于爆发出来。

2006年德国世界杯1/8决赛，大卫·比利亚点球首开纪录，法国门将巴特斯鞭长莫及，一切朝着有利于斗牛士的方向发展……

但是，以门将卡西利亚斯和中后卫普约尔为核心的防线逐渐难以支撑，被法国锋线轮番攻击不断撕开，连失三球。

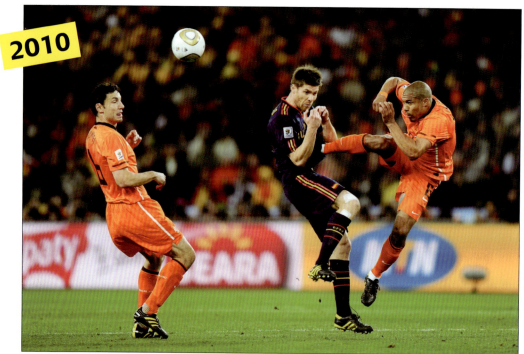

2010南非世界杯决赛开场不久，西班牙中场哈维·阿隆索（Xabi Alonso）就被荷兰后卫德容（Nigel De Jong）暗算。

西班牙门将卡西利亚斯与后卫普约尔的防线虽然并非固若金汤、滴水不漏，却也拼抢凶悍，令人生畏，在4场淘汰赛中一球未失。

伊涅斯塔在比赛第116分钟的绝杀让西班牙队成为世界杯历史上第8支夺冠的球队，黄金一代球员终于证明了自己的价值。

"达尼·哈尔克，我们与你在一起"——伊涅斯塔以自己的方式向2009年因心脏病去世的前国青队队友表达怀念之情。

伊涅斯塔代表着西班牙黄金一代的最高荣誉，除了夺得世界杯以外，他们还将2008年和2012年欧洲杯的冠军奖杯揽入怀中。

西班牙队在小组赛首战0比1负于瑞士队，但他们却在此后的比赛中连战连捷，并最终夺冠，这在世界杯历史上尚属首次。

THE WORLD CUP HISTORY
OF SPAIN
世界杯
冠军志之 西班牙

体坛传媒◎编著

执笔记者：梁宏业

西南财经大学出版社
Southwestern University of Finance & Economics Press

图书在版编目（CIP）数据

世界杯冠军志之西班牙／体坛传媒编著. —成都：西南财经大学
出版社，2014.5
ISBN 978-7-5504-1379-5

Ⅰ.①世… Ⅱ.①体… Ⅲ.①足球运动—杯赛—概况—西班牙
Ⅳ.①G843.732

中国版本图书馆CIP数据核字（2014）第068024号

世界杯冠军志之西班牙
体坛传媒　编著

责任编辑：王　艳
助理编辑：李晓嵩
特约编辑：朱　莹
封面设计：李尘工作室
责任印制：封俊川

出版发行	西南财经大学出版社（四川省成都市光华村街55号）
网　　址	http://www.bookcj.com
电子邮件	bookcj@foxmail.com
邮政编码	610074
电　　话	028-87353785　87352368
印　　刷	北京合众协力印刷有限公司
成品尺寸	165mm×230mm
印　　张	18.75
彩　　插	20页
字　　数	175千字
版　　次	2014年5月第1版
印　　次	2014年5月第1次印刷
书　　号	ISBN 978-7-5504-1379-5
定　　价	40.00元

推荐序一

只有足球可以

张　斌

我们大多数人没有能力追赶时间，只是被时间推着向前而已。四年，要多快有多快，又是一届世界杯即将开赛了。我脑海中不断有一个场景蹦跳出来——清晨，巴黎街头，我快速地奔向国际电视报道中心，还有个片子等着我去编辑。这就是1998年法国世界杯期间我的工作。当时几乎每一天都是这么过去的。对了，还有一个场景——2010年南非世界杯期间，在中央电视台的世界杯系列节目《豪门盛宴》的演播室中，同事告诉我，阿根廷队和德国队比赛的那一晚，北京长安街上的车格外少。大约半个月之后，我们拿到的收视材料显示，那一晚进行的阿根廷队与德国队的比赛是南非世界杯在中国大陆地区收视率最高的一场比赛，而且比赛开始的时间为北京时间22：00，时间好得不能再好了。

每当这时，就会有很多记忆的碎片被我在脑海中拼凑起来。但总执拗怀旧不是事，会让人嬉笑为老人家的。可是，世界杯不就是不停地怀旧嘛，谁是冠军一定那么重要吗？我们要的不就是传奇嘛。

国际足联说，在南非世界杯期间，全世界最少有60亿人次坐在电视机前老老实实地看了比赛，国际奥委会也会有类似的数据证明奥运会的收视率之高。其实，世界杯与奥运会，不必争个高下，两者是完全不同的庆典。但是，足球作为一项运动很有必要与同类不断比肩，那么，足球这个"第一运动"的称号还有意义吗？闷头发展挣大钱不就成了吗？"第一"的称号其实啥也换不来，不过是我等热爱足球的人的心理感受罢了。这一刻我想起了前皇家马德里俱乐部主帅穆里尼奥的最新格言——"足球，就是人类情感的总和。"

我的这篇推荐序的题目一定会遭到其他运动热爱者的不屑，"只有足球可以"，到底可以什么？坦白讲，我并非回答这个问题的最佳人选。但我知道，世界杯是唯一可以搅动世界，让其在一个月之中为之持续沸腾的比赛。看着欧洲冠军杯比赛深夜里的欢腾，我一直在比对其与世界杯的异同，我依然不是回答这个问题的最佳人选，但我知道那份强大的情感关联的存在感。

读书，不是件容易的事情。太多的书，需要我们去选择。我羡慕《体坛周报》的世界杯系列图书的出版，更羡慕他们旗下那些分布在世界各地的足球观察者们，他们身处异乡，在那里足球已是国家、民族的精神血脉。我很少在江湖走动，见识渐少，行万里路的想法总被自己牵绊。我买过英国人写的几个版本的世界杯史话，文字密密麻麻，有些排版很古典，但是坚持每四年更新版本，我想那几乎是英国足球迷们的国民读物了吧。

我期待着，《世界杯冠军志》未来也能有此功效。此书尚不得见，期待它很扎实、很精美，让我们随时可以从某一页翻起就进入一段历史岁月。谢谢所有作者，安静地写段历史，该是很有意思的，你们如若满意了，我们读起来就会饶有兴趣的。在这个夏天，足球也可以让我们重新找回阅读的快乐和冲动，谢谢世界杯。

（本文作者系中央电视台赛事频道编辑部主任）

推荐序二

没有什么比足球更美妙

米 卢

足球世界里最盛大的表演即将在最了不起的足球王国巴西上演。对足球迷而言，没有什么比这更美好了！

相信许多人都知道，我和世界杯有着特殊的缘分，从1986年到2002年，我曾经率领5支不同的球队征战过世界杯，12年前与中国男足一起出征韩国西归浦，这些始终都是我生命中最难忘的回忆。

中国人讲究12年一个轮回，12年过去了，或许中国国家队没有再能获得更多的机会，我本人和世界杯的缘分也没有续写新的篇章，但中国球迷对世界杯的热爱却与日俱增，而作为我和球迷共同的老朋友——《体坛周报》，也始终战斗在世界杯报道的前沿阵地。

在巴西世界杯的舞台上，所有8支曾经成功捧杯的球队都将悉数亮相，豪门对决，快意恩仇。《体坛周报》的朋友告诉我，他们将借此机会推出一套冠军丛书，向所有中国球迷讲述属于冠军们的故事。在我看来，对所有中国球迷而言，这都将是一份意义非凡的礼物，它不仅讲述了许多鲜为人知的精彩故事，更揭示了属于胜利者的成功秘诀。

在我看来，这个世界上没有什么比足球更美妙的东西了；生活中，也没有什么比享受足球更重要的事了。打开这本书看到这段话的中国球迷们，你们即将欣赏到足球世界里最激动人心的传奇故事。

（本文作者系著名足球教练）

推荐序三

《体坛周报》与世界杯同成长

张敦南

世界杯这项世界上最盛大的足球赛事见证了《体坛周报》的成长。

《体坛周报》创刊于1988年，迄今逾1/4个世纪，无论在国际还是国内，这个历史都不算太久。1998年，第16届世界杯，《体坛周报》才第一次派出记者现场采访，团队规模为3人。2002年世界杯，欣逢中国队历史性出线，《体坛周报》特派记者组骤增至20余人，《体坛周报》也第一次在大赛期间出版日报，并为此广招人才，他们中很多人日后成了《体坛周报》的精英骨干。

虽然中国队此后再未出线，但《体坛周报》的世界杯报道继续升级。2006年，《体坛周报》第一次在世界杯报道中采取"跟队"战术，每支强队都有特派记者全程追踪。2010年，大批外国特约记者加入《体坛周报》报道团队，奉献了"梅西过生日"等独家图文报道。

正是在与国际媒体"同场竞技"的过程中，《体坛周报》迅速成长起来。如今，《体坛周报》是国际足联及世界杯的官方合作伙伴，是法国《队报》等世界知名体育报的版权合作媒体，拥有国际足联金球奖的中国媒体唯一投票权，是"金足奖"评委会成员，2013年还创立了"亚洲金球奖"评选活动。

通过多年建立的关系网，《体坛周报》在国际足球领域做出了真正的独家新闻，如2003年全球首发"贝克汉姆将加盟皇马"等新闻。《体坛周报》的影响力也与日俱增，2012年欧洲杯期间，德国足协少有地安排国脚专访，当时只让三家国际媒体到场，除了法国《队报》和意大利《米兰体育报》，还有就是《体坛周报》。

值此2014年世界杯临近之际，《体坛周报》与西南财经大学出版社、北京亨通堂文化传播有限公司携手推出《世界杯冠军志》系列图书，尽述世界杯七大冠军之风云，实乃盛事一桩。《体坛周报》的国际足球报道团队从业时间几乎都在十年以上，亲身经历过无数场比赛、无数次采访，他们为世界杯冠军立传，定能提供独到视角。

撰写阿根廷卷的程征是《体坛周报》最资深的国际足球记者。1986年世界杯，他曾现场见证了马拉多纳的"上帝之手"和"连过五人"。他和巴西卷作者小中，都是中国现在仅有的阿根廷足球和巴西足球专职记者。

赵威（法国）、彭雷（意大利）、梁宏业（西班牙）、王恕（德国）都是常年旅居欧洲的《体坛周报》记者。每个人的写法都有独到之处，赵威在述史中融入了他对当事人的采访；彭雷的意大利卷集合了各种趣事，绝对让你大开眼界；梁宏业没有拘泥于历史记录，而是将西班牙队、西班牙足球和皇马巴萨的前世今生联系起来；王恕的德国卷重点描述了一些幕后故事，如1974年世界杯上所谓的"贝肯鲍尔夺权"等。

如此系统、深入地梳理世界杯历史，在中国是破天荒之举。看了作者们的书稿，我才发现，很多熟知的"历史"不尽不实。例如1950年美国队1比0胜英格兰队，堪称世界杯史上最大冷门，事后出现了很多嘲笑英格兰队的报道，流传至今。本报驻伦敦记者刘川特地泡在大英图书馆查资料，发现很多"轶事"只是段子。对于想洞察历史真相的足球迷来说，这套书不容错过。

向辛苦写书的同事们致敬，向所有读者致敬。

祝享受世界杯、享受足球！

（本文作者系体坛传媒集团董事长）

推荐序四

看西班牙足球兴衰，思中国足球浮沉

马德兴

巴萨、皇马、西班牙国家队是近几年来国内足坛最为热门的词眼，也是球迷热议的焦点球队。这些球队的踢法和技战术风格，更成为中国足球人的追求，连中国足协也一度公开表示，中国足球要学习西班牙足球。这当然得益于近年来"宇宙队"巴塞罗那、西班牙国家队在欧洲足坛和世界足坛出色的战绩和令人赏心悦目的打法。在即将到来的2014年巴西世界杯赛上，西班牙队无疑仍将是夺冠的最大热门之一。

狂热的球迷对西班牙国家队以及巴塞罗那、皇家马德里等队的球星如数家珍，但对西班牙足球的发展过程和崛起之路恐怕就未必了解得那么深刻、全面了，毕竟国内长期缺少系统而详尽地介绍西班牙足球的专门书籍。在2014年巴西世界杯赛即将到来之际，《体坛周报》常驻西班牙记者梁宏业费尽心血，第一次全面而系统地介绍西班牙足球的崛起史，无疑是"西迷"们的一大福音。

梁宏业和很多"西迷"一样，从小就喜欢西班牙足球，因此走上了学习西班牙语之路。梁宏业精通西班牙语，无疑有助于他更为广泛、全面地了解西班牙足球。毕业后，梁宏业加盟《体坛周报》，专门从事西班牙足球的报道。之后他又留学西班牙，并常驻巴塞罗那，在进一步学习西班牙语的同时，耳闻目睹了巴萨足球和西班牙足球的全面崛起。《世界杯冠军志之西班牙》一书，有其钻研、整理的西班牙足球历史进程，更有其深刻的切身感悟。此书也让我们对西班牙足球有了全新的了解。

介绍西班牙足球，必然要涉及卡马乔。这位在西班牙足坛受人尊敬的教练，在"中国足球要学习西班牙足球"的大背景下来到中国执教国家队，但这无疑是卡马乔教练生涯中最为失败的一段经历，中国球迷对这位西班牙人难以认可。卡马乔不仅没有帮助中国足球在学习西班牙足球方面取得实质性进展，甚至还被大多数中国球迷贴上了"骗子"、"大忽悠"、"只为捞钱"等标签。

本书虽然未涉及卡马乔执教中国队的事情，但通过此书，我们却可以更全面地、多角度地了解卡马乔其人，也可以从一个侧面更清楚地知道卡马乔缘何会在中国失败，而且这种失败是从上任之日起就注定了的。因为中国足球所谓的"学习西班牙足球"，只是"形似而神不似"，忽略了西班牙足球崛起的真正根源在于青训体系的建设，这种青训体系的建立是经过至少二三十年的尝试和探索之后才最终形成的。恰恰是这种体系的建立，才确保西班牙足球人才辈出，即便西班牙队在即将举办的2014年巴西世界杯上未能蝉联冠军，西班牙队也不会因此走向衰败。

我想，一个中国球迷，看西班牙足球之兴衰，思中国足球之发展，是在阅读此书过程中无法回避的问题。但愿此书能够带给读者全新的思路和启迪。

（本文作者系《体坛周报》副总编辑、著名足球记者）

前　言

当我的领导骆明问我愿不愿意写这本书时，我没有太多犹豫就答应下来，经过对西班牙足球10年的编辑采访报道工作，我还是非常愿意在整体上梳理一遍西班牙足球的发展脉络，但是，我也知道要在1个多月的短暂时间内成稿肯定是一件非常痛苦的事情。

我是一个喜欢享受工作的人，哪怕是在如此受煎熬的工作中也是一样。在写作本书之前，我对西班牙足球发展的历史脉络有一个认识，但这个认识并不能成书，不够写成10多万字的书，于是，搜集材料、做很多功课来填补细节是不可缺少的。这是一个繁重但也有意思的工作，我阅读着半个多世纪以前的西班牙报纸，很多是照片影印的，文字并不太清晰，有的段落还曾被划线标注，但我读到的内容却并不陈旧，我甚至惊讶地觉察那时候的足球与当今的足球有那么多相通的地方，这真是件让人兴奋的事。

写作本书时，我看到了皇马英雄华尼托干的那些英雄事和荒唐事，看到瓜迪奥拉年轻时说话、做事就已经那么井井有条，并有了坚定的足球思想，他还阻止阿方索自告奋勇主罚点球，就像他如今不让罗本罚点球一样。真实的历史向我们揭示了，不论是一个人物还是一种现象，他们发展到今天都不是无源之水、无本之木，西班牙队能夺得世界杯冠军，夺得大赛三连冠，不是一蹴而就的。

探索一件事的本源正如本书试图探索西班牙足球发展之源，对一个好奇的人来说是一件很好玩的事，但说实话成稿的过程极为痛苦，我在这近2个月的写作过程中过得几乎就不是一个正常人的生活，为了写10多万字的书稿，我查了上百万字的资料。我更希望有人能替我做好这一切工作而把现成的东西摆在我面前让我享用，正如现在我已经把这件事做好并拿到读者面前供读者享用一样，希望喜爱西班牙足球的读者们能从书中看到西班牙足球的前世今生。

此外，本书写作能圆满完成，还要非常感谢杨冠娇女士提供的帮助，以及梁占铁先生和朱晓芬女士提供的支持。

目 录

一、西班牙队的诞生

西班牙队的第一次正式比赛

西班牙足协在1918年加入国际足联（FIFA），但因为第一次世界大战的影响，西班牙队直到1920年才迎来自己的第一场比赛。在那个足球蒙昧的时代，不要说正式比赛，就是友谊赛也很罕见，西班牙足协在1920年5月的一次全体大会上决定派出国家队参加1920年安特卫普奥运会。

这支历史上的第一支西班牙队完全由西班牙北部地区人组成，具体来说是由8名巴斯克人、2名加泰罗尼亚人和1名加利西亚人组成。为什么这些队员都是来自西班牙北部？因为西班牙北部地区距离欧洲大陆和英国更近，足球这项运动是英国的水手和企业家们带到西班牙的，西班牙巴斯克地区的毕尔巴鄂和加泰罗尼亚地区的巴塞罗那都是海港城市，在那里，外国人尤其是英国人很多。实际上，从现在西甲①各个俱乐部的队名上，我们还可以看出历史留下的足迹。毕尔巴鄂竞技足球俱乐部的队名是Athletic，这是个英文单词，而马德里竞技足球俱乐部的队名是Atletico，这才是西班牙语单词。同样，现在以拉马西亚青训营闻名、注重使用自己人的巴萨②，在创立之初就没有几个西班牙人，因为这本就是一帮在巴塞罗那生活、工作的外国人创立的俱乐部，其名字叫FC Barcelona，这也是英文的书写方式，按照西班牙语应该是CF Barcelona。大家都知道巴塞罗那还有一支叫西班牙人的球队，在加泰罗尼亚这个与西班牙没有什么亲切感和认同感、天天想着独立的地方，居然有一家俱乐部叫西班牙人，这家俱乐部的主人疯了吗？事实上，西班牙人俱乐部的创立就是为了和巴萨抗衡，因为巴萨全是外国

---

①西甲，即西班牙足球甲级联赛，是西班牙最高等级的职业足球联赛，也是欧洲及世界最高水平的职业足球联赛之一。
②巴萨，即巴塞罗那足球俱乐部，也简称巴塞罗那，是位于西班牙巴塞罗那市的大球会，成立于1899年11月29日，西甲传统豪门之一，也是现今欧洲乃至世界足坛最成功的俱乐部之一。

人，在巴塞罗那的西班牙人想要一家自己的俱乐部，所以就创立了西班牙人足球俱乐部，并不是加泰罗尼亚地区出现了一家亲西班牙中央政府的俱乐部。

另外，我们可以注意，西班牙队当年只派出了11人，那个时期的球队并没有替补，所以经常到比赛结束时，留在场上的人已经少了好几个。这支西班牙队里，有3个人必须提及，我们先介绍其中的两个——门将萨莫拉（Zamora）和左边锋皮奇奇（Pichichi）。这两个名字不仅是历史，也是现实，西甲每个赛季最佳门将的奖项名字就是以加泰罗尼亚人萨莫拉的名字命名的，而西甲最佳射手奖项则是以皮奇奇这个巴斯克人的名字命名的，实际上皮奇奇也只是他的外号，皮奇奇的真名是拉法埃尔·阿兰萨蒂。

西班牙队来到了安特卫普，其历史上第一场比赛的对手是丹麦队。丹麦队是1908年和1912年两次奥运会的银牌得主，1916年的柏林奥运会因为第一次世界大战取消了。不过，西班牙队并不惧怕昔日的亚军丹麦队，这不是因为西班牙队队员胆子大，而是因为在那个资讯不发达的时代，西班牙队根本就不知道丹麦队曾经是奥运会亚军。在那个时代，球队和球队之间是陌生的，大家对谁有什么特点、该重点盯防谁根本没有概念。

现在的球迷都知道西班牙队是当今世界上脚下技术、战术素养最出众的球队之一，而丹麦队则是比较粗糙的北欧糙哥，但在1920年时，情况恰恰相反，丹麦队算是脚下技术很好的球队，而西班牙队则是靠身体、士气和意志力吃饭的球队，总结下来就是"我技术不如你，但我比你猛"。这也为西班牙队的外号的诞生留下了伏笔。最终，西班牙队以1比0战胜了热门的丹麦队，帕特里西奥为西班牙队打进了历史上第一粒进球，而比赛的最佳球员则是萨莫拉，赛后他是被队友们抬在肩膀上扛出场的。直到一名在巴斯克地区皇家联盟队效力的法国球员雷内·博蒂来到西班牙队的更衣室，告诉他们，他们战胜了最大热门球队之一，西班牙队才知道刚被自己战胜的是一支热门球队。

随后，西班牙队输给了东道主比利时队，有人说那是因为西班牙队被狂热的主场气氛吓住了。今天的球迷们肯定想，在这种情况下西班牙队应该结束了自己的旅程，但当年的赛制很奇怪，所有不是冠军的球队都要集合起来再打一轮比赛争夺银牌和铜牌。

为什么要讲这段历史？因为正是在其后西班牙队对瑞典队的比赛中诞生了西班牙队沿用至今的外号。捷克斯洛伐克队退出了争夺银牌和铜牌的赛事，西班牙队的第一个对手瑞典队一开始也退出了比赛。西班牙队一看首场比赛不战而胜，而且有充分的时间面对下一场比赛，就搞了个晚会吃吃喝喝，好好享受、娱乐一下，但谁知道瑞典队又决定不退出了。这几乎意味着西班牙队要从宴会厅直接被拉到赛场上比赛，西班牙人对这种安排发出了强烈的抗议，并最终让这场比赛延期了24小时，获得了宝贵的休息时间。

瑞典人在上半场打进一球，下半时西班牙队获得一次任意球机会，队长贝劳斯特高喊道："萨维诺，把球传给我，我把他们都干倒！"贝劳斯特的确把瑞典人都干倒了，也不知道球是怎么进网的，反正贝劳斯特和皮球都进了球网，很多瑞典球员拉拽他的球衣也没用。此后阿塞多为西班牙队再进一球，西班牙队以2比1领先。在最后时刻瑞典队获得一粒点球，西班牙中场萨米蒂尔两次站到罚球队员面前捣乱，被裁判警告再搞这出就会被罚下，萨米蒂尔仍然不老实，他用小石子等杂物丢向皮球干扰对手发球，最终瑞典球员把点球踢飞，西班牙队获胜。此后西班牙队还以2比0战胜了意大利队，以3比1战胜了荷兰队，最终取得了安特卫普奥运会的银牌。西班牙队在奥运会上的成就推动了足球项目在西班牙的开展，当时的西班牙国王阿方索十三世接见了全体队员和教练。

"狂热红军"的由来

这里该介绍一下西班牙队的外号和它的由来了。从西班牙队的第一场比赛开始，球员就身着红色上衣和蓝色短裤，所以西班牙队被称为"红军"，为西班牙队夺得2008年欧洲杯冠军的主帅阿拉贡内斯嫌西班牙队说起来太繁琐，总是用"红军"来代替，但阿拉贡内斯并不是这一称谓的第一人。以颜色作为代号称呼球队在欧洲已经是一种约定俗成的行为，比如利物浦[1]也是"红军"；曼联[2]是"红魔"；切尔西[3]则是"蓝军"；巴萨是"红蓝军"，鉴于巴萨的这个称呼有两种颜色，翻译成中文说起来有点累赘繁琐，所以中文媒体用得并不多；至于皇马[4]的"白军"称呼想必大家都觉得不太好听，所以用

[1]利物浦，即利物浦足球俱乐部，是英格兰足球超级联赛的球队之一，位于英格兰西北港口城市利物浦，于1892年成立，是英格兰足球历史上最成功的俱乐部之一，也是欧洲乃至世界最成功的足球俱乐部之一。
[2]曼联，即曼彻斯特联足球俱乐部，是英格兰足球历史上最为成功的俱乐部之一，也是欧洲乃至世界最具有影响力、最成功的球队之一。
[3]切尔西，即切尔西足球俱乐部，成立于1905年，后逐渐成为欧洲顶级豪门，也是欧洲乃至世界最具有影响力、最成功的球队之一。
[4]皇马，即皇家马德里足球俱乐部，是一家位于西班牙马德里的足球俱乐部，成立于1902年3月6日，是欧洲乃至世界足坛最成功的俱乐部之一，拥有众多世界球星，2000年12月11日被国际足球联合会评为20世纪最伟大的球队，2009年9月10日被国际足球历史和统计联合会评为20世纪欧洲最佳俱乐部。

得也少。

西班牙队并不仅仅被称为"红军"，更被称为"狂热红军"，狂热正是源自队长贝劳斯特的那句"要把瑞典人都干倒"的话。那场比赛的第二天，一家荷兰报纸打出了大标题"狂热西班牙"，于是西班牙队的正式外号变为"狂热红军"。话说贝劳斯特的确有资本高喊把对手都干倒，史料显示，贝劳斯特身高1.93米，体重95千克，有着巨人的外形，看看现在尤文图斯队的巴斯克高中锋略伦特，也许可以想象一下当年贝劳斯特的形象。在那个时代，西班牙居民的平均身高只有1.60米多一点，实际上在弗朗哥独裁结束前西班牙人民一直都过着营养不良的日子，那时候的人不是想着以体育运动的方式消耗掉过多的热量，而是希望能汲取到一天所需要的热量。经济的发展改进了人民的生活水平，从而也促进了体育的发展，这是一条民主化体育事业的道路。另一条非民主化发展体育事业的途径就是以体育作为宣传载体，对自己的统治制度进行讴歌，比如1934年的意大利世界杯和1936年柏林奥运会，这在后文中会有所提及。

不过考虑到贝劳斯特是巴斯克人，有这样的身板也就不足为奇。巴斯克人重视力量，他们传统的体育比赛是扔大石头，看谁扔得远，还有斧子砍圆木比赛，贝劳斯特除足球外参加的最多的一项运动便是砍圆木比赛，此外他还喜欢登山和打网球。登山这项运动在巴斯克地区普及是很正常的事，因为巴斯克地区是三面环山一面环海，很像我国福建省的地理情况。巴斯克地区北部就是分割西班牙和法国的比利牛斯山，这座山虽然不如阿尔卑斯山那么出名，但也是登山运动的发源地。巴斯克地区还有一种最让人难以想象的运动，那就是在手臂上装上木头假肢打石头球的比赛。从巴斯克人所处的地理环境和生活运动方式，大家可以看出，这肯定是一个坚毅而独立的民族，什么苦都吃过，甚至以苦为乐。

人们都爱说将体育和政治分割开来，但现实主义者都明白这是不可能的，不要说纳粹举办的世界杯和奥运会与政治分不开，就是此后美苏之间都互相抵制奥运会，直到今天的索契冬奥会上，西方很多有影响力国家的领导人都以不出席开幕式的行为表示与俄罗斯的不同政见。西班牙队更是涉及西班牙多民族融合的问题。贝劳斯特这位西班牙队历史上第一位队长、"狂热红军"的直接责任人，却是一个反对西班牙中央政府争取巴斯克独立的政治家。在20世纪20年代，他因为参加反抗西班牙统治的游行而被抓进监狱，后被阿方索十三世特赦。之后，他因为高喊"西班牙去死"而遭到短暂的流放，但又被西班牙队召回结束流放。西班牙足协在考虑是否发给他荣誉金质奖章时也有过疑虑，因为他拒绝在安特卫普奥运会开幕式上拿西班牙国旗。另外，他还在自己的国家队红色队服上绣了一个象征毕尔巴鄂的狮子。

　　贝劳斯特是个绝对的理想主义者，他在政治方面的坚定程度不亚于在球场干倒对手时的坚定。他先是加入了支持独立的巴斯克保守党派巴斯克国民党，后又成为左派独立政党巴斯克国民行动党的创始人之一，而该党因为支持著名的西班牙恐怖军事组织也是支持巴斯克独立的组织埃塔在2008年被西班牙最高法院判为非法党派，不过这是后话。搞恐怖活动并非该党建立的初衷，再说那个时候恐怖组织爱尔兰共和军[1]才刚刚成立不久。西班牙内战的爆发导致贝劳斯特第二次被流放，他选择了在墨西哥生活。值得一提的是，贝劳斯特为毕尔巴鄂效力了近20年，打了超过100场比赛（那个时代比赛很少），为球队夺得了6次国王杯[2]冠军（没有联赛，唯一的赛事就是国王杯），并为西班牙队两次在奥运会中出场（那个时代没有世界杯和欧洲杯），但贝劳斯特并不是职业球员，一直都是以业余身份参

[1]爱尔兰共和军是反对英国政府的武装组织，长时间通过暴力活动实现政治诉求，故被许多国家视为恐怖组织。该组织于1919年由旨在建立独立的爱尔兰共和国的民族主义军事组织"爱尔兰义勇军"改编而成，目的是与驻在爱尔兰的英军作战。
[2]国王杯，即西班牙国王杯，是西班牙一项每年举办的淘汰制足球赛事，开始于1902年。

赛，他的职业是一名律师。

　　贝劳斯特是西班牙队队长，为西班牙队殊死拼杀，但他却反对西班牙对巴斯克的统治，决心支持独立，这是多么矛盾的事实。事实上直到今天，西班牙队都有这样有趣的现象。我们发现的这个世界并不是简单的非黑即白，而是一个黑中有白、白中有黑的复杂的世界。

二、西班牙队第一次参加世界杯

法国人雷米特创办了世界杯，并决定于1930年举办第一届世界杯。雷米特是个生意人，其创办世界杯的初衷是为了做生意，世界杯发展到现在这个庞大的规模，成为最成功的商业化运动赛事正是其创办之初目的的成功实现。

抵制首届世界杯

西班牙同欧洲其他一些国家一样都申办了首届世界杯，但当欧洲人发现世界杯很可能会被安排在南美洲举行时，西班牙和很多其他国家放弃主办权，改为支持意大利申办第一届世界杯，但雷米特最终把世界杯安排在了乌拉圭进行，他给出的理由是乌拉圭队是当时世界上最强的球队，他们此前夺得了两次奥运会金牌，而欧洲刚经历了第一次世界大战的战火，还处于恢复阶段。雷米特的这一决定让欧洲人很伤心，因为足球的发源地在欧洲，英国人发明了现代足球，英格兰队也是此前相当长一段时间内实力最强的球队，但最后首届世界杯却被安排在了南美洲。

鉴于对首届世界杯举办地安排的不满，大部分欧洲球队抵制了这届世界杯，比如西班牙队和意大利队，只有比利时队、法国队、南斯拉夫队和罗马尼亚队4支球队参加。当时西班牙队给出的不参赛的理由是路途遥远，西班牙队要坐船前往，花费开销太大无力承担，但东道主乌拉圭为了能让欧洲球队前来，开出了负责旅费和一切开销的承诺，但西班牙队还是没有去，这显得很没有诚意；同时，也可以看出来西班牙队并不是因为旅费的问题不参加世界杯，而是为了抵制乌拉圭举办世界杯。

就在西班牙抵制乌拉圭世界杯前，西班牙队还迎来了一件大事，那就是西班牙队成为历史上首支战胜英格兰队的非英伦三岛球队。1929年5月15日，在马德里大都会球场，西班牙队迎来了打欧洲巡回赛的英格兰队，英格兰队这次巡回赛共安排了

3场比赛，此前他们刚刚在5月9日和11日以4比1和5比1的比分战胜了比利时队和法国队。本场比赛是英格兰队第25场对欧洲大陆球队的比赛，此前的24场比赛，英格兰队23胜1平，平的一场还是在布鲁塞尔对阵奥运会冠军比利时队，以2比2打平。英格兰队在24场比赛内打进120球，只丢了28球，平均每场比赛都要打对手5比1。

本场比赛，上半场英格兰队先以2比0领先，但被西班牙队神奇扳平。下半场，当西班牙队的鲁比奥再次把比分追成3比3平时，大都会球场内不少球迷冲进场内拥抱亲吻球员们，比赛场面一度无法控制。比赛重新开始不久，戈伊布鲁为西班牙队打入决定性的一球，最终帮助球队以4比3获胜。

为本场比赛复盘，西班牙队可谓是占据了天时地利人和，当时比赛安排在下午进行，但马德里当天极为炎热，根本不像5月中旬的天气，而是像夏天，英格兰球员对这种天气感到不适应。另外，此次巡回赛英格兰队在一周内要打三场比赛，而对战西班牙队是最后一场比赛，不少主力球员轮休没有出战。西班牙队对英格兰队的友谊赛引起了西班牙的举国关注，共有5万名观众前来观战，其中还包括国王阿方索十三世的几个儿子。无论如何，西班牙队成为了首支战胜英格兰队的非英伦球队，这一战成为西班牙足球历史上的重要一幕。

墨索里尼的牺牲品

西班牙同样申办了1934年世界杯，但还是没能获得主办权，对于申办此次世界杯，很多国家的想法已经开始变得不同，因为大家都看到了乌拉圭举办首次世界杯的影响力和赚到的钱。不过，有些国家并不是从经济的观点看待世界杯的举办，比如最终承办1934年世界杯的意大利，其首相墨索里尼的目的是在全世界面前宣扬纳粹主义的优越性，将体育赛事当成宣传工具和收复民心的工具，这招他的"徒弟"希特勒也在1936年柏林奥运会上使用过。

这届世界杯共有32支球队申请参加，但这届世界杯正赛只允许16支球队参加，这就要有个预选赛，实际上就一轮，两支球队进行主客场比赛，获胜的晋级。西班牙队分到的是他们的伊比利亚半岛兄弟葡萄牙队，首回合在皇马曾经的主场查马丁球场进行，西班牙队以9比0大胜对手。当时正是西班牙第二共和国时期，共和国主席尼塞托·阿尔卡拉·萨莫拉也出席了比赛。那场比赛西班牙队的著名前锋兰加拉独中5球。当时的主客场比赛还没有净胜球多少的概念，所以9比0和1比0没有任何区别，西班牙队到葡萄牙去踢比赛还要特别小心，不然会迎来附加赛。一周后，西班牙队来到了里斯本老的光明球场，尽管葡萄牙队由比托尔·席尔瓦率先打进一球，但随后兰加拉梅开二度，帮助西班牙队打进了他们的首届世界杯正赛。

此时西班牙队的主帅是阿马德奥·加西亚，此人不是什么职业教练，而是一位巴斯克医生，当时很多球员都不是职业球员，更不用说教练了。他也成为有史以来第一位搞赛前封闭集中的教练，在客场对葡萄牙队的比赛前，他将球员们全部集中，认为这样可以获得更好的比赛结果。

当毕尔巴鄂夺得联赛冠军，皇马夺得国王杯冠军后，针对世界杯的集训开始了，阿马德奥公招了25名球员集训，并准备了3场友谊赛。现在的球队一热身经常串大洲找到各种风格的球队热身，这真是弱爆了，当年西班牙队找来英格兰的桑德兰队热身，这是一个国家队打一个俱乐部队，而且一打就是连打3场，从毕尔巴鄂打到马德里，再从马德里打到巴伦西亚，别说电视直播了，当时连电视都没有，能看到比赛的球迷都是在现场，丝毫没有重复枯燥感。

找桑德兰队也并非出人意料，现在毕尔巴鄂和桑德兰的队服都一样，这不是偶然，是因为毕尔巴鄂创建之初本就是拿的桑德兰的队服作为比赛服，那时候的人没想过自己的球队可以办成"百年老店"，还要自己设计有特色的队服，直接拿过英国人的就用了。同样的事也发生在巴塞罗那身上，有人说巴塞罗那的红蓝队服代表着海洋和激情，还有人说是因为创始人也是瑞士人的甘伯借鉴了瑞士巴塞尔队的设计。笔者曾与巴萨第二任主席的一个孙子聊过，他爷爷和他爷爷的弟弟都在巴萨队内踢球同时兼任管理者，他跟笔者说红蓝色队服实际上就是他爷爷和他爷爷的弟弟在英国私立高中上学时的球衣。

话说回来，桑德兰队这个友谊赛对手还真不好对付，西班牙队一场未胜，在毕尔巴鄂3比3打平，在马德里2比2打平，在巴伦西亚则是1比3告负。最终西班牙队25人中有20人前往了意大利，其中佩德罗·雷盖罗没有前往意大利的原因最有意思，他父亲反对他去意大利，因为5月底6月初正是考试的季节，父亲不想让他因足球错过考试，荒废学业，可见当时足球运动真不能当个事业来看待。不过，他的哥哥皇马边锋路易斯·雷盖罗前往了意大利。

相传墨索里尼在1934年世界杯前只看过一场足球比赛，但这并不能阻挡他成为当时"最懂球"的人，而且人家是从更高的角度理解足球，足球比赛特别是像世界杯这样的国际足球比赛，不但可以宣传法西斯政治，而且比赛的胜利还可以换来国民对法西斯政治的认同感。另外，体育运动可以培养人的纪律性和强健的体魄，总之可以培养出一个"好的法西斯"，何乐而不为呢？

1934年的世界杯赛制是只有淘汰赛，没有小组赛，16支队上来就打1/8决赛，西班牙队首先碰到的是足球新兴国家巴西队，西班牙队表现不错，以3比1力克巴西队。西班牙队在那场比赛中半场就以3比0领先，其中兰加拉独中两元，下半时巴西最著名的前锋莱昂尼达斯扳回一球，最后时刻萨莫拉扑出了瓦尔德马尔的点球，成为世界杯上首位扑出点球的门将。西班牙队获胜后，在1/4决赛迎战东道主意大利队。

墨索里尼主办世界杯就是为了赢下世界杯，他早就对意大利足协主席说过："赢下世界杯是命令，不是建议，我可不会原谅不遵守命令的人。"意大利队不愿意输给任何球队，更不愿意输给西班牙队，因为当时的西班牙是"所有阶级劳动者的民主制共和国"，与实行社会主义的苏联更为接近，其政体是法西斯集权制的对立面。

5月31日，比赛在佛罗伦萨的吉奥瓦尼·贝尔塔球场进行，贝尔塔本是个"法西斯英雄"，被意大利共产党暗杀，佛罗伦萨的世界杯球场就以其名字命名。比赛开始后，西班牙队以其技术能力控制着比赛，雷盖罗首先破门，但中场休息前，意大利球员费拉里接到传中打出了一记没有多大威胁的射门，意大利前锋斯基亚维奥抱住西班牙门将萨莫拉让其无法将射门挡出，结果意大利队扳平了比分，120分钟的比赛最终以1比1结束。比赛的更大争议在于意大利队大尺度犯规，而当值主裁却熟视无睹，最终导致西班牙队7名球员受伤，包括传奇门将萨莫拉。萨莫拉被对方前锋冲撞，撞折了两根肋骨，但裁判连意大利队的犯规都没有判罚。

第二天进行重赛，因为当时规则设定不严谨，意大利队招来了9名并未在世界杯上注册的球员代替前一天比赛劳累的球员，西班牙队沉着应战，但遇到了比前一天更黑的裁判。这名瑞士裁判叫雷内·梅塞，西班牙队打进的两个合理进球都被取消，最终意大利球员梅阿查打进一球，与前一天相同，意大利球员德马里亚挡住代替萨莫拉出场的门将诺格斯。事后，因为执法太过露骨，这名裁判被瑞士足协和国际足联剥夺了执法比赛的资格。

西班牙队就这样离开了他们参加的第一届世界杯。西班牙队虽败犹荣，回国后受到了共和国主席的接见。而西班牙队和意大利队也就此结下了梁子，实际上两队在此前的比赛中就多有摩擦，在1920年奥运会上，西班牙队以2比0战胜意大利队，门将萨莫拉被罚下。此后在阿姆斯特丹奥运会上，意大利队在重赛中以7比1战胜西班牙队，因为那时候西班牙已经开始了职业化足球，很多优秀球员因为是职业球员没有资格打奥运会，而意大利队那个时期还没有开始职业化，所有球员都可以出场。西班牙队和意大利队的竞争还远没有结束，其后的故事还有很多。

平心而论，西班牙队是冤，和此后在半决赛上被意大利队淘汰的奥地利队一样冤，但斥责裁判黑心和意大利球员粗野脚黑也没有太大意义，因为他们实际上也是法西斯政治的受害者。墨索里尼跟意大利球员们说得很清楚，不成功便成仁，夺不了世界杯便要掉脑袋。被意大利队签来的阿根廷球员蒙蒂曾说："我在乌拉圭时（第一届世界杯），要是赢了，他们要杀了我，我在意大利，要是输了，他们要杀了我。"而根据英国广播公司（BBC）采访过当时执法过意大利世界杯的裁判的说法，墨索里尼政府的确告诉过他们，要是搞输了意大利队，他们就别想活着离开意大利。

墨索里尼的高压足球政治也催生了意大利的功利主义足球传统，时任意大利队主帅的波佐在决赛中得到墨索里尼威胁后曾对球员们说："我不管用什么样的方式，最终结果我们必须赢。"无论如何，意大利在当时有一支伟大的球队，不能因为法西斯主义抹杀了这支球队的伟大性。

三、光明与阴暗的时代

1938年在法国的第二届世界杯，上届世界杯的第五名西班牙队未能前往，因为西班牙国内正在打内战（1936—1939年）。1939—1945年因为第二次世界大战的原因，世界杯暂停，所以直到1950年巴西世界杯，西班牙队才第二次登上世界杯的舞台。

1950年世界杯，首胜英格兰队

西班牙队队员是乘飞机前往巴西的，这对西班牙队队员来说是件新鲜事，因为在国内的比赛中，西班牙队队员们通常是乘坐火车和汽车，而意大利队队员因为惧怕飞行选择了坐船前往巴西，这也是因为此前都灵队空难造成的连锁反应。西班牙队在这届世界杯上表现不错，他们在小组赛中3战3胜。此前两届世界杯都只有淘汰赛阶段，本届世界杯则恢复了小组赛，使用小组赛可以多打比赛，多打比赛便可以增加收入，从商业上看这是个很好的选择，足球发展到今天，我们可以看到不管是欧足联还是国际足联，也经常通过这条路径增加收入，但现在是比赛泛滥，和那时候比赛太少不一样。那时候，如果一支欧洲球队不远万里来到巴西，经过一场淘汰赛就要折返回欧洲，那是大大的浪费。

西班牙队先是在小组赛中以3比1战胜美国队，后又以2比0战胜了智利队，最重要的是第三场对英格兰队的比赛。作为现代足球发明国，英格兰第一次参加世界杯而且志在必得，但在第二场比赛中就以0比1输给了由业余球员组成的美国队，他们必须要战胜西班牙队才能进入决赛循环赛，可惜他们没有做到。

有人说一支伟大的球队最少要有两名伟大的球员，一个门将，一个前锋，西班牙队在对英格兰队的比赛中便是如此，他们有巴萨伟大的门将拉马列特斯（Ramallets）和毕尔巴鄂的传奇射手萨拉（Zarra，不是现在的流行服装品牌Zara，虽然它们都是西班牙的）。西班牙队与英格兰队的这场比赛是在马拉卡纳球场进行的，创造了非巴西队比赛的观众人数最多的纪录，巴西人并非只爱自己的国家队，而是真的爱看好球。整场比赛，英格兰队控制比赛，压迫进攻西班牙队，但英格兰人太喜欢往禁区内打高球，恰遇到西班牙队门将拉马列特斯是个接高球的好手，拉马列特斯发动一次反击，西班牙边路传中后，萨拉在毕尔巴鄂的前锋搭档盖恩萨头球摆渡，萨拉将球打进。

如果按照现在的战术分析角度来看这场比赛，英格兰队的冲吊战术太简单，而西班牙队的防守反击很致命，防守反击是对付除了意大利队以外所有热门球队的最大杀手锏。半个多世纪过去了，萨拉创造的251球的西甲进球纪录还没有被超越，但梅西的进球速度太快，也有可能在本书出版后不久他已经超越了萨拉。虽然此后西班牙队在决定冠军的决赛循环赛中以2比2平了后来的冠军乌拉圭队，以1比6输给了巴西队，以1比3输给了瑞典队，但拉马列特斯仍被评为当届世界杯最佳门将，也是西班牙队唯一进入最佳阵容的球员，他在对英格兰队的那场比赛后有了"马拉卡纳灵猫"的绰号。英格兰队当时的主帅温特博特姆（Winterbottom）没有丢掉风度，赛后说道："西班牙球员们非常有能量，踢得很快，非常有激情。别认为西班牙队只是赢在激情上，他们的球踢得非常好，是目前为止在马拉卡纳踢得最好的。"而英格兰队队长赖特也在赛后来到西班牙队更衣室祝贺对手的精彩表现。

一件丑事是西班牙足协主席加雷罗给西班牙独裁者弗朗哥发去电报说:"我们战胜了英国鬼子。"其实不用他报喜,当时西班牙有电台转播了比赛,大家都已经知道了结果。西班牙和英国之间一直到现在都因为直布罗陀归属问题闹矛盾,加雷罗很明显是想用体育上的成绩邀功讨弗朗哥欢心,随后加雷罗为自己的言行道歉,但还是被弗朗哥解除了足协主席职务。加雷罗做的另一件大事就是干预了迪斯蒂法诺转会,最后让皇马得到了迪斯蒂法诺,而不是巴萨。

西班牙队最终获得了第四名,比第一次参加世界杯第五名的成绩前进了一步。

意大利厄运男孩

1954年世界杯西班牙队没有进入决赛圈,又是因为意大利,这次是个意大利男孩把西班牙队抽签抽出了世界杯。

1954年世界杯,西班牙队又没有进入世界杯,但西班牙队的淘汰赛充满悬疑,直到如今也没人能解开。随着世界杯的影响力逐渐扩大,当年有38支球队申请参加世界杯,但除了东道主瑞士队和上届冠军乌拉圭队，只能有14支球队进入决赛圈，国际足联的预选赛组织得非常混乱，但他们非常懂得照顾像意大利、西班牙、德国这样的强队，毕竟越多强队进入世界杯决赛圈能让世界杯的影响力更大，比赛更精彩，同时也能赚更多的钱。

西班牙队与土耳其队分到一起进行资格赛决战，土耳其队当时的实力并不强，西班牙队理应出线。西班牙队早在1月初就在主场4比1大胜土耳其队，但2个月后进行的客场比赛却出现问题。西班牙队当时归化①了匈牙利球员库巴拉，库巴拉也是巴塞罗那俱乐部历史上最重要的球员，至今诺坎普球场主看台入口外还树立着一座库巴拉的铜像。土耳其队对库巴拉进行"围剿"，西班牙队最后0比1在客场告负。因为当时还没有引进净胜球规则，两队必须在3天后在中立场地罗马举行一场加赛。

问题就出现在加赛前，这还是个政治问题，是西班牙足球在那个年代屡屡绕不过的政治厄运。当时世界上最强的球队是匈牙利队，后来在这届世界杯上西德队战胜匈牙利队被称为伯尔尼奇迹，你可以想象当年的匈牙利队有多强。匈牙利当时处于东欧社会主义阵营，不少匈牙利球员逃离祖国流亡海外，库

---

①归化，是指某个人在出生国籍以外自愿、主动取得其他国家国籍的行为。一般是居住在国外的人，依据所居国的法律规定取得新国籍。

巴拉就是其中之一，因为冷战和政治对立，匈牙利坚持表示，如果国际足联让他们的流放球员出现在世界杯上，那他们就抵制世界杯而不参赛，毫无疑问这对国际足联将是一大损失。此时库巴拉刚刚加入西班牙国籍，西班牙队正准备利用库巴拉获得成绩。

就在罗马的附加赛开赛前，意大利足协主席巴拉西给西班牙足协主席达维拉传递了国际足联的一封信，上面只有一句话："西班牙队请注意球员库巴拉的形势。"这句话写得很微妙，没有说你让库巴拉上场会处罚你，而且很诡异的是，国际足联为什么要通过巴拉西转交信息，而不是直接告知西班牙队呢？那时候没有手机，西班牙队无法及时找国际足联对质，最终西班牙队没敢派上库巴拉，但之后国际足联否认发出过这一消息。比赛以2比2平局告终，当时没有点球决战，国际足联只能决定抽签抽出晋级者。抽签的方式是在一个容器内放两张纸条，上面是各自国家的名字，土耳其足协主席用意大利语写了"土耳其希望获得好运气"，而西班牙足协主席达维拉只在纸条上画了个叉，而在更衣室内等待结果的西班牙队已经感到厄运即将临近，最终一位叫弗朗哥·赫马的意大利男孩被手绢蒙住双眼抽出了土耳其队。这个孩子是罗马奥林匹克球场一位场地员工的儿子，当天被父亲带来看球，谁知道参与了历史重大事件。更幸运的是，土耳其人把小赫马当作幸运符，把他带去了世界杯，尽管也没能带很远。

由于没有最终解密文件和当事人作证，国际足联临赛递纸条一事成了悬案。笔者只能提供个人的解读，那就是这是国际足联一次经典的阴谋。首先看意大利足协主席巴拉西，他在第二次世界大战快结束时把当时的世界杯从罗马银行中取出来放在鞋盒子里，并将其安放在自己睡觉的床下，避免了世界杯被德国纳粹洗劫，随后他在1950年把世界杯带到了巴西。巴拉西因此闻名，也在国际足联内部获得了地位，一句话，他是个值得信赖的同志，要实现个阴谋必须要找位信得过的同志，巴拉西非常适合。事后国际足联一否认，巴拉西守口如瓶，任凭失败者西班牙人怎么叫喊都不足为信。

从大局上看，匈牙利队能否参赛事再大也大不过东西方冷战的大形势，国际足联必须抹平这个局，让双方都没有借口挑事，在政治上做文章。国际足联的手法堪称高妙，但并不公平，因为这牺牲了西班牙队的利益，也牺牲了库巴拉的天赋。

1958年世界杯，西班牙队再次缺席决赛圈比赛。在欧洲区预选赛上，西班牙队与苏格兰队、瑞士队分在第9小组，但西班牙队出师不利，先是2比2平瑞士队，后又客场2比4负于苏格兰队。西班牙队寄希望于赢剩下两场比赛，并且瑞士队要战胜苏格兰队，西班牙队才能出线。结果，尽管西班牙队赢得了剩下的2场比赛，但苏格兰队以1分的优势压倒西班牙队出线。因为非洲区代表队缺席比赛，西班牙队与其他欧洲区小组第二参加了接替非洲区代表队参赛的抽签，但西班牙队的运气也不是那么好，最终抽中的是威尔士队。

荒谬的独裁牺牲者

尽管两次没能打进世界杯，但西班牙队有实力在首次举行的1960年法国欧洲杯上称雄，因为皇马刚刚在欧洲冠军杯上获得5连冠，当时皇马巨星迪斯蒂法诺已经获得代表西班牙队出征的资格，他在1957年和1959年荣获金球奖。此外，西班牙队内还有1960年金球奖得主，也是到目前为止唯一获得金球奖的西班牙人路易斯·苏亚雷斯，以及他的俱乐部队友库巴拉，还有皇马传奇边锋亨托。这是一支实力非常强大的球队，但政治原因毁掉了西班牙队第一次获得欧洲杯冠军的机会。

这支强大的西班牙队在1/8决赛中客场以4比2战胜波兰队，回到主场又以3比0战胜波兰队，晋级下一轮。在巴黎的抽签中，西班牙队和苏联队抽到了一起，这是一个法西斯国家和一个社会主义国家的对决，这下麻烦就大了。首先必须说明一点，第一届欧洲杯只有半决赛在主办国法国举行，之前的比赛都是主客场制。当时的西班牙独裁统治者弗朗哥本不希望西班牙队参加首次欧洲杯，他不希望球队和所有意识形态的国家进行比赛，但当时的西班牙足协主席拉富恩特·乔斯却多方游走并为西班牙队报了名。西班牙队第一轮对社会主义阵营的波兰队没有发生什么事，但弗朗哥政府却不愿意球队与苏联队交手。

在西班牙内战时期，弗朗哥领导的法西斯军团受到德国、意大利法西斯国家的支持，而西班牙第二共和国则受到苏联的支持，虽然苏联没有像德国那样直接派空军参战，而是以志愿者的形式给予支持。西班牙内战结束后，大批西班牙第二共和国支持者流亡苏联。这让弗朗哥与苏联从第一天开始关系就不好，准确地说是没有关系，直到1960年时，两国还没有建交。而西班牙独裁统治能在第二次世界大战后奇迹般地保留下来，也与弗朗哥许诺美国保证西班牙不会成为共产主义阵营中的一员有关。

西班牙队与苏联队抽签结束后，两国足协主席确定了比赛日期，首场在莫斯科，时间是5月29日，第二场在一周之后的6月9日在马德里进行。这意味着正式的苏联代表团将在1939年后首次造访西班牙，这是件大事，而当时的西班牙并不希望借用体育与苏联发生外交关系。

西班牙当时与社会主义国家的关系非常紧张，1960年1月，古巴驱逐了西班牙大使。当年1月20日，古巴电视二台的世界问答节目正在采访当时的古巴总理卡斯特罗，这时西班牙大使莱恒德罗要求发言，"我要反击卡斯特罗对西班牙大使馆的指控。"主持人对西班牙大使莱恒德罗说，要发言首先要问卡斯特罗是否允许，莱恒德罗说道："这不是民主，主持人受到发言一方的控制。"此时，卡斯特罗起身直接对他说道："欧洲最大的独裁统治国家的大使现在跟我谈民主。"之后，卡斯特罗和莱恒德罗便开始对骂，古巴电视台及时切断了电视信号，但没能切断声音信号，两人的对骂还能被所有观众听到。最终，5月7日，在西班牙队和苏联队的第一场比赛前3周，西班牙大使被驱逐出古巴。

尽管当时时局紧张，但没人能想到比赛会被取消，西班牙媒体还在热情地宣传着这场比赛。为了准备这场比赛，西班牙队安排了一场与博比·查尔顿领军的英格兰队的友谊赛，当时媒体还报道苏联足协主席一行将来到西班牙看这场比赛，最终西班牙队以3比0大胜英格兰队，但所有带有苏联的消息全部消失了。

西班牙队正在准备与苏联队比赛时，西班牙部长会议也在激烈争执是否该让这场比赛继续下去，鉴于赞成和反对各半，最终的裁决权被送往国家元首弗朗哥手中，弗朗哥定下了取消这场比赛的决议。西班牙新闻与旅游部长同时通知各个媒体，以后不许提这场比赛，直到比赛前各大报纸才在不起眼的地方发了一个统一的通告："西班牙已经通知国际足联取消同苏联队的比赛。"除此之外没有任何解释。

实际上，弗朗哥下达指示后，西班牙足协主席拉富恩特·乔斯仍在努力斡旋，争取能打这场比赛。西班牙政府当时给足协的解释是西班牙不希望任何苏联代表团以及他们的安全人员踏上西班牙领土。这在今天看来是以国家安全的名义拒绝对外交流，只能说这是个很可笑的借口，随苏联代表团而来的几个安全人员就能威胁到西班牙的国家安全吗？但为了让政府满意，让西班牙队能继续参赛，西班牙足协主席火速前往巴黎商议解决方案。西班牙代表团提了3个替选方案：一是两场比赛都在莫斯科打，西班牙对于比赛票房收入分文不取，而且自行解决差旅费，不用苏联人掏一分钱；二是第二场比赛在欧洲一中立场地进行；三是两场比赛都在欧洲中立场地进行。

苏联拒绝了所有方案，当然这是情理之中的，如果换作你我肯定也会对西班牙的这种无理请求断然拒绝，更不用说当年不可一世的苏联。从体育的角度看，苏联人知道西班牙队强大，拒绝西班牙人的请求，苏联队可以直接闯入在法国举行的半决赛；从政治的角度看，苏联人可以以此大做文章抨击法西斯统治的荒谬，事实上这的确是荒谬的。苏联《真理报》评论说，西班牙队拒绝比赛是怕西班牙队球员来到莫斯科后被共产主义所感染，还说弗朗哥惧怕实力强大的苏联队，苏联队是1956年奥运会的冠军。苏联人要求西班牙偿还60万卢布的票款，因为列宁体育场的10万张球票早已销售一空。最终欧足联做出决定，将西班牙队开除出第一届欧洲杯，并对其做了2000瑞士法郎的象征性罚款，无其他体育上的处罚。

西班牙退赛的消息在国际上闹得沸沸扬扬，西班牙政府的决定受到了巨大批评，但受限于消息封锁，西班牙国内人民并不知道发生了什么，一位记者在法新社驻西班牙的办公室才了解到一切，当时法新社写道"西班牙队是政治的牺牲品"，而路透社也刊发了西班牙队退赛完全是政治原因。

路易斯·苏亚雷斯回忆当年5月25日早上的情景，说道："全队当时肯定我们可以赢取欧洲杯，但有人对我们说，这是上面的决定，是弗朗哥的决定，我们什么事都做不了。当时迪斯蒂法诺不停地在问为什么，足协主席拉富恩特说，因为这是上面的命令，我们去不了莫斯科了，弗朗哥说的。"

迪斯蒂法诺无缘世界杯

连续缺席两届世界杯后，西班牙队终于闯进了1962年的智利世界杯。西班牙队在欧洲区遭遇威尔士队，以总比分3比2获胜，此后与非洲区代表摩洛哥队相遇，又以4比2获胜，从而获得晋级资格。

当时西班牙俱乐部球队在欧洲所向披靡，皇马当时已经在欧洲冠军杯获得5连冠，西班牙队借此也成为智利世界杯的最大热门。球迷们可能还理不清其中的逻辑，俱乐部球队强不代表国家队强，比如广州恒大队夺得了亚洲冠军联赛冠军，甚至还杀入了世界俱乐部杯赛半决赛，但中国男足连参加亚洲杯决赛圈的比赛都磕磕绊绊，那是因为中国男足没有孔卡、穆里奇效力，要想把俱乐部球队的成功转化为国家队的成功只需要让俱乐部球队的强外援加入国家队就行了，而西班牙当时就是这么做的。西班牙队当时有4名归化球员在队内效力，其中包括阿根廷人迪斯蒂法诺、匈牙利人普斯卡什、巴拉圭人马丁内斯和乌拉圭人圣马里亚。这也是西班牙队历史上归化球员最多的一届国家队，此后从1962年到2005年，西班牙队队内归化球员最多的时候只有一名，2006年德国世界杯上，西班牙队有两名球员塞纳和佩尼亚是归化球员。当然，现如今的国际足联规定一名球员一辈子只能为一支国家队效力，规定要严格得多，普斯卡什为匈牙利队参加过1954年瑞士世界杯，而迪斯蒂法诺也为阿根廷队打过比赛，放在今天他们都没有资格为西班牙队效力。

迪斯蒂法诺早已加入西班牙国籍为西班牙队效力，另一位伟大的射手普斯卡什也加入了西班牙队。普斯卡什是所有射手的祖师爷，我们来看看他身后的各种头衔就知道他为什么是前锋的祖师爷了，他被国际足球历史与统计协会评选为20世纪最伟大球员第6位，被欧足联评为欧足联50年最伟大球员第11位，就连现在国际足联一年一度的盛典中评选的年度最佳进球奖也被冠以普斯卡什奖。当时西班牙队有最会踢球的迪斯蒂法诺和最会进球的普斯卡什，就算是巴西队，也只有一个贝利。

但是，西班牙队的运气并不好，迪斯蒂法诺在球队准备世界杯的倒数第二场比赛中受伤了，虽然他和球队来到了智利，球队也为他报了名，但迪斯蒂法诺却一分钟也没打。这也造成了迪斯蒂法诺一生的遗憾，国际足联曾将迪斯蒂法诺、贝利、克鲁伊夫和马拉多纳评选为20世纪国际足坛4大巨星，而迪斯蒂法诺是这些巨星中唯一没有打过一次世界杯的球员。法国队在2002年韩日世界杯上作为卫冕冠军小组赛便告出局，这与齐达内在世界杯热身赛前受伤有很大关系，而当年西班牙队的遭遇也是一样。

1947年，迪斯蒂法诺曾代表阿根廷队夺得南美杯冠军，但因为阿根廷队和巴西足协的矛盾，阿根廷队拒绝出席1950年巴西世界杯，这让他作为阿根廷队员错过了这届世界杯。迪斯蒂法诺于1956年加入西班牙国籍，1957年1月30日便为西班牙队出场，在5比1战胜荷兰队的比赛中完成帽子戏法，但1958年瑞典世界杯西班牙队没有出线，所以迪斯蒂法诺错过了这届世界杯。1966年英格兰世界杯时，迪斯蒂法诺已经太老了，他当时早已离开皇马在西班牙人俱乐部效力两年，并在1966年宣告退役。

回到1962年智利世界杯，西班牙队的第二个坏运气是被分到了死亡之组，这也是世界杯历史上最早的死亡之组之一。当时西班牙队与捷克斯洛伐克队、巴西队和墨西哥队分到一组，而最终巴西队夺冠，捷克斯洛伐克队是亚军。当时由于缺乏迪斯蒂法诺的前场组织，西班牙队的球踢得并不好，球员们都很独，难以串联起来，首场对捷克斯洛伐克队的比赛，西班牙队以0比1告负。第二场对墨西哥队，西班牙队直到第89分钟，才由亨托传中，马竞射手佩罗打进一球以1比0战胜对手。最后一战对战巴西队，西班牙队教练巴勃罗·埃尔南德斯将苏亚雷斯、圣马里亚等4名绝对主力放在替补席上，西班牙队踢出了最好的一场比赛，第35分钟阿德拉多先进一球，但第79分钟和第

86分钟，代替有伤的贝利出场的巴西前锋阿马里尔多打进2球，将西班牙队淘汰出局。就这样，怀着巨大期望来到智利的西班牙队带着巨大失望提前回家了。

西班牙队的第一个冠军

任何国家举办大型国际赛事都有其政治经济背景，比如说俄罗斯和巴西连续举办冬季奥运会和世界杯，都因为它们是新兴世界国家，是"金砖国家"的成员，而1964年在西班牙举办第二届欧洲杯也有这层意义。

首先，西班牙是个对足球狂热的国家，皇马在20世纪50年代夺取冠军杯5连冠已经让足球成为这个国家的第一运动而且是狂热的第一运动，西班牙全国爱球，有球迷和社会基础举办欧洲杯。从政治经济上看，西班牙从1939年内战结束后实行自给自足的经济政策，这既是一种内政，也是受到民主欧洲排斥的结果，整个西班牙经济体系到20世纪50年代已经几近破产。弗朗哥是独裁者，但绝不是笨蛋，这点从德国纳粹倒台，他立马掉头转投美国，保住了自己的独裁统治，让西班牙这样奇葩的独裁统治体系在第二次世界大战后又混了20年就可以看得出来，因为得到美国的支持，西班牙直到弗朗哥去世才实行民主化变革。

实际上在20世纪50年代末期,弗朗哥已经看出来靠自己的政治路线走下去,西班牙很快就要完蛋了,所以他将大量技术人才引入政府,实行技术化政府。这样的政府在稳定和发展西班牙经济上起到了重要作用,西班牙很快实行了开放主义,大量招商引资,对这个传统的农业化国家进行工业化改造,允许西班牙人到欧洲缺乏劳动力的国家移民打工,对西班牙比塞塔实行贬值,让西班牙商品在国际市场更有竞争力,同时搞旅游业大量吸引外国游客。这在现在看来是一系列十分高明的经济政策,西班牙从农业国转为工业国和提供服务的国家。与此同时,西班牙开始使劲往国际大家庭的怀抱里钻,不再搞闭关锁国这一套,西班牙先后加入了世界银行、国际货币基金组织和经济合作与发展组织,此后又在1962年申请加入了欧洲共同体。西班牙在政治上还是遭人唾弃的弗朗哥独裁统治,但西班牙政府号召不谈政治,先搞经济,西班牙经济也在内战后获得了第一次腾飞。

就是在这样的开放主义大背景下,西班牙获得了第二届欧洲杯的举办权,但欧足联已经跟西班牙讲好了,不能再搞4年前拒绝和苏联比赛的那一套,西班牙承诺不会拒绝和任何社会主义阵营的国家比赛。就这样,西班牙足球迎来了自己历史上第一个伟大的时刻。

　　当年的西班牙队依旧强大，球队队长路易斯·苏亚雷斯带领国际米兰刚刚夺得了欧洲冠军杯冠军，被认为是那个时代最好的球员之一，队内还有皇马名将亨托、阿曼西奥以及毕尔巴鄂传奇门将伊里瓦尔，这是一支并不惧怕卫冕冠军苏联队的球队。球队的主帅是比利亚隆加，比利亚隆加为皇马夺得了欧冠5连冠中的前2个，前往马竞后又为马竞夺得了2次国王杯冠军和首座欧洲优胜者杯冠军。这位主帅就夺冠效率来说是那个时代最高的，带领西班牙队打本土欧洲杯最为合适。

　　西班牙队在预选赛中以总比分7比3的成绩完胜罗马尼亚队，晋级正赛。与上届欧洲杯一样，1964年欧洲杯也只有进入半决赛才在西班牙进行。西班牙队的1/8决赛的对手是北爱尔兰队，就是这样一支不那么强大的球队差点绊住西班牙队夺冠的脚步，西班牙队在毕尔巴鄂1比1被对手逼平，比利亚隆加提出辞职，但被拒绝，西班牙队来到贝尔法斯特进行第二回合比赛，巧的是主力门将受伤，替补门将佩平出场，立下大功，至少挡出3次对方的威胁射门，最终亨托的进球让西班牙队以1比0获胜，闯入下一回合。奇怪的是，西班牙队在下一回合遭遇了爱尔兰队，这次西班牙队没有脚软，以总比分7比1战胜对手，打进在本土进行的半决赛。

西班牙队半决赛在伯纳乌球场进行，对手是实力强劲的匈牙利队，在90分钟比赛内西班牙队与对手打成1比1平，巴塞罗那边锋佩雷达打进一球。在加时赛中，皇马的阿曼西奥为球队打进一球，西班牙队以2比1战胜匈牙利队，挺进决赛。

决赛在西班牙队和苏联队之间进行，决赛前有传闻说西班牙的国家元首弗朗哥不会前往球场，因为害怕出现给苏联队颁奖的一幕，就像1936年柏林奥运会，希特勒给杰西·欧文斯颁奖一样。但是最终弗朗哥出席了在伯纳乌球场的决赛，弗朗哥是被自己的幕僚们半哄半骗去的，几位部长都告诉他西班牙队肯定能夺冠，所以弗朗哥偕自己的妻子卡门来到伯纳乌。

西班牙是狂热的足球热土，当场比赛伯纳乌球场涌入了10万球迷。苏联队在当时非常强大，他们拥有足球史上的最佳门将之一"黑蜘蛛"雅辛，一年前雅辛刚刚获得金球奖。比赛开始后，苏联队的技术更好，但西班牙人在主场球迷的助威声下踢得更有激情，第6分钟，佩雷达为西班牙队建功，但2分钟后，侯赛因诺夫为苏联队扳平比分。比赛眼看就要进入加时赛，第84分钟，佩雷达传中，马塞利诺头球得分，最终帮助西班牙队以2比1战胜了苏联队。马塞利诺被铭记为西班牙队的第一英雄，而谁传的球在当时却说不清楚，因为当时转播技术有限，西班牙电视台没有采集到传中场面，为了应付观众，使用了此前阿曼西奥的传中画面，所以在很长一段时间内，大家都认为阿曼西奥是第二功臣，直到1992年英国BBC电视台播放了一段独立摄影，大家才发现传球的是佩雷达，西班牙电视台也更正了自己的错误，将这一功劳还给了前巴萨球员。佩雷达第一次看到这个进球的全画面时放声大哭。

西班牙队的胜利成为弗朗哥庆祝获得内战胜利25周年的礼物，赛后西班牙队主力后卫奥利韦利亚说过这么一段话："我们要将这个胜利首先献给最高统帅弗朗哥，他今天下午前来观战让我们倍感荣幸，也激励了球员们的士气，球员们做到了一切不可能做到的事，要将这个令人激动的胜利献给弗朗哥和西班牙。"虽然这场比赛已经过去了半个多世纪，但当人们看到一名球员如此讴歌弗朗哥，还是会给人似曾相识并不寒而栗的感觉。

1966年世界杯，欧洲冠军提前回家了

这届世界杯，西班牙队几乎是原班人马，主帅还是上届的比利亚隆加，整个球队已经相当完整和成熟，带着这样的球队，西班牙队来到了英格兰世界杯。西班牙队被分到了B组，与阿根廷队、瑞士队和联邦德国也就是西德队争夺出线权。

　　首场比赛对阵阿根廷队，西班牙队便被南美足球所折服，阿根廷人踢的是一种非常现代化的足球，使用的战术叫控球防守反击。而且阿根廷队员们继承并发扬了南美足球的一贯"传统"，就是喜欢"下黑脚"，恰巧当时的保加利亚主裁对阿根廷队员判罚不严，这也致使阿根廷队占有一定优势。阿根廷队的队形紧凑，喜欢对西班牙中场核心路易斯·苏亚雷斯贴身拼抢并踩踏，而且阿根廷队员抢下球后喜欢在后场倒脚，特别是在2比1领先后。西班牙媒体抱怨球队的比赛节奏太慢，同时也承认不可能快得起来，因为阿根廷人允许你传球，不允许你接球人跑位，球经常在中途被挡下。这让西班牙队完全无法发挥自己的水平，最终1比2落败。西班牙媒体赛后评论，不是西班牙队输了这场比赛，而是西班牙队根本就没有被允许在这场比赛中踢足球。

　　第二场西班牙对瑞士的比赛，是一场失利者之间的较量，谁输谁就出局，瑞士队第一场比赛已经0比5输给了西德队。瑞士队也知道这场比赛的意义，采取了链式防守，上了5个后卫，这可是他们在对西德队的比赛中未曾采用过的战术。而西班牙队并没有对队伍进行调整，尽管路易斯·苏亚雷斯已经在首场对阿根廷队的比赛中被踢伤。需要进攻和进球的西班牙队在上半场表现得很无力，而瑞士队却利用反击由康坦打进一球领先。

下半场比赛，西班牙队主帅比利亚隆加将中场皮里顶到锋线当中锋，因为当时还没有引进换人制度，11个人必须踢到全场结束。西班牙队表现得稍好，但其转折是右后卫桑奇斯的一个连过3人并打门得分的杰作。这位皇马后卫的儿子也是皇马后卫，就是皇马五鹰时代其中的一鹰中卫桑奇斯，鉴于称呼西方人本来就是称呼姓而不是名，桑奇斯是姓，希望大家不要以为这位后卫从20世纪50、60年代一直踢到了20世纪90年代。

"激怒"的西班牙队看到了胜利的希望，大举进攻用气势压倒了瑞士队，最终阿曼西奥接到亨托传中为西班牙队打进决胜球，西班牙队以2比1战胜了瑞士队。

同西德队的比赛是一场决赛，德国人的优势在于战平就可以出线，而西班牙队必须要获胜。西班牙队主帅比利亚隆加换下了5名主力，其中包括有伤的队长苏亚雷斯，同样有伤的皮里，还有前2场表现不好的大牌德尔索尔和亨托。德国人很小心西班牙队的进攻，贝肯鲍尔都不敢过半场，德国人在身体冲撞和速度上占有优势，西班牙人则在脚下配合和灵活性上占有优势。西班牙队第23分钟由富斯特打进一球，但进球后不争气的西班牙队开始退守，赛后比利亚隆加在被问到球队的退守问题时说，那不是源自他的命令。第27分钟，西班牙队边锋阿德拉多受伤，由于当时没有换人制度，阿德拉多下场治疗后跛着脚回到场上充人数，但实际上西班牙队等于少了一人作战。接下来运气更差的是，西德队由埃梅里希（Emmerich）在零度角打进1球，这让西班牙队丧失了信心，最终席勒在第84分钟的进球，结束了西班牙队的世界杯历程。

赛后，比利亚隆加宣布结束自己的教练生涯，此后他开始出任西班牙国家足球教练学院的院长，直到因心脏病突发去世。他在自己最后一场比赛的分析中说道："我们是应该赢下这场比赛的，埃梅里希这样的进球，我这辈子再也不会看到。这个扳平进球打掉了我们的一些扳平希望，迫使我们不顾防守倾巢而出。阿德拉多的受伤让我们雪上加霜，相对训练良好、体能好的德国人，我们少一个人显得少得太多了。"

四、衰落的时代

　　1968年意大利欧洲杯，西班牙队以卫冕冠军身份参加，小组赛上西班牙队与土耳其队、爱尔兰队和捷克斯洛伐克队分在一组，西班牙队的最大竞争对手无疑是捷克斯洛伐克队。首场比赛，西班牙队0比1在布拉格告负捷克斯洛伐克队，但第二回合比赛，西班牙队在伯纳乌球场2比1战胜对手，但因为西班牙队在客场被爱尔兰队和土耳其队逼平，最后一轮必须指望爱尔兰队在布拉格战胜捷克斯洛伐克队，西班牙队才能出线。奇迹真的发生了，爱尔兰队客场2比1战胜了捷克斯洛伐克队。

政治纠纷不断的时代

在这次小组赛阶段爆发出的最大新闻或者争议，仍然是政治上的，而不是足球上的。弗朗哥独裁统治的西班牙似乎与社会主义阵营有着没完没了的麻烦，自从在第一届欧洲杯中对苏联队退赛后，现在西班牙又与捷克斯洛伐克结下了梁子，后面我们还会看到南斯拉夫与西班牙结梁子。东欧人本来就身体壮、脾气暴，再加上看弗朗哥的独裁统治怎么看都不顺眼，在足球战场上有所发泄也就不足为奇了。

事情发生在1967年10月1日西班牙队做客布拉格时，在赛前奏国歌仪式上，捷克斯洛伐克军乐队没有奏弗朗哥时代的西班牙国歌，奏的是共和国时期的西班牙国歌。很多球员认为这是裁判之歌或者欧足联之歌，但他们很快发现西班牙国歌没有奏。球员们不知道事情的严重性，但西班牙代表团在主席台上观战的同时已经发出了强烈的抗议。

当时参加那场比赛的边锋阿德拉多回忆说："我们回到西班牙后才意识到问题的严重性。必须要说的是捷克斯洛伐克人是靠又拉人又踢人赢的我们。在弗朗哥时代，整个欧洲都唾弃我们的政府。东欧国家非常捍卫他们的政治，社会主义是和我们完全相反的政治。作为球员，我们想摆脱政治的干扰，我们唯一和政治有关系的就是赢得欧洲杯冠军后，最高统帅简短接见一下我们，其他的政治我们一窍不通。"当时的皇马前锋阿曼西奥回忆说："开始奏乐的时候，我们以为奏的是裁判之歌。我们并不知道什么是共和国国歌，因为我们都生在内战后，没听过共和国国歌。奏乐完毕后，我们互相看了看，心想，我们的国歌没有演奏啊！我不明白为什么当时西班牙会有人想要模仿东欧国家，我们当时的情势不好，他们的更差，他们的建筑街道并不靓丽，没什么可值得嫉妒的，真正漂亮的是我们和东欧国家之间的那些国家，比如法国和德国。"

事后，捷克斯洛伐克足协主席亲自发了道歉信："事件是因为我们足球管理部门某位员工的错误和无知造成的，我们表示真诚的歉意。"事件就这样过去了，令人难以置信，包括媒体记者，当时西班牙《ABC》报的评论写道："应该为西班牙和捷克斯洛伐克还能保持和平状态干杯。"

1/8决赛还不算决赛圈赛事，因为这届欧洲杯要到半决赛才在意大利举行。西班牙队运气太差了，抽到了世界冠军英格兰队。首场在伦敦进行的比赛，西班牙队0比1告负，英格兰队球员博比·查尔顿直到第84分钟才打进一球，次回合在伯纳乌进行，西班牙队先进一球，但之后被英格兰队2比1反超。很多年后，当年的传奇门将伊里瓦尔回忆说："1/8决赛我们不能期待一个更坏的对手了，英格兰队。我们抽签的运气太差，英格兰队是1966年世界杯冠军，球迷们很喜欢这场比赛，媒体都说这是欧洲冠军和世界冠军之争，但实际上英格兰队太强大了，他们刚刚在2年前夺得了世界杯冠军，这在比赛中看得出来。尽管如此，我们没有别的办法只有面对，最终我们以两场比赛最小比分差输球，结束了卫冕夺冠的梦想。"

巴萨球神上任国家队主帅

1970年墨西哥世界杯，西班牙队再次缺席，这次缺席得干净利落。预选赛中，西班牙队与南斯拉夫队、比利时队和芬兰队分到一组。小组赛前，西班牙队在客场与法国队打了一场友谊赛，结果西班牙队以3比1获胜，谁能想到下一次西班牙队在法国本土获胜要等到42年后，凭借比利亚和拉莫斯的进球，西班牙队在2010年3月3日再次客场战胜法国队。

打过3轮比赛后，西班牙队已经没有希望晋级世界杯，主帅托瓦辞职。那个时代的西班牙队与现在的西班牙队完全是两个极端，当时媒体对球队极度失望，连球员都不想替国家队比赛，因为剩下的3场比赛毫无意义，还要拖累自己在俱乐部队的状态。更没有教练愿意在这个时候接手国家队，赢了不能给自己的履历加分，输了还坏自己的名声。在这种情况下，西班牙足协非常具有创造性的，也是开创历史的，选择了3位主帅一同执教西班牙队，他们分别是米格尔·穆尼奥斯、萨尔瓦多·阿尔蒂加斯和路易斯·莫洛尼，他们3人分别是皇马、巴萨和拉斯帕尔马斯队的主帅，这3支球队也是联赛前三名的球队。任命之初，西班牙足协已经和3人说好了，这只是一个过渡性的安排，帮助国家队打完剩余的比赛后，这个教练班子就解体了。

为什么要找联赛前三名球队的教练来带国家队？道理其实很简单也很实用，主要是为了解决球员出工不出力，甚至连工都不愿出的问题，足协解决不了这个问题，就只能让教练来解决。国家队球员大部分是三甲俱乐部的球员，其他不是三甲俱乐部的球员如果想进皇马和巴萨，就得不看僧面看佛面，出出力给自己的教练或者未来的教练点面子。其实教练们本来也就是为国家讨点面子，因为球队已经无法出线了。

在三大主帅的带领下，这支球队在友谊赛中1比0战胜了瑞士队，0比0平了墨西哥队，在资格赛中2比1战胜了南斯拉夫队。但是，悲剧发生在第4场比赛，西班牙队居然在赫尔辛基0比2输给了芬兰队，西班牙乃足球大国，而芬兰队弱小到从未打入任何国际赛事，于是西班牙举国震动，举国愤怒，举国反思。其结果是三大帅联合执教也解决不了问题，这时候足协也找到了新帅，那就是库巴拉，这位在梅西之前巴塞罗那最伟大的球员走上了教练岗位，他在西班牙队一干就是11年。库巴拉首场带队比赛就在主场以6比0大胜芬兰队，算是振奋了西班牙足球的士气。

库巴拉作为教练来说运气并不好，尽管他带领西班牙队在11年中创造了一个到现在为止还没人能打破的纪录，但却缺乏成绩。1972年比利时欧洲杯预选赛上，西班牙队又和老对手苏联队分在一组，此外还有北爱尔兰队和塞浦路斯队。西班牙队内战后第一次登上苏联的领地就以1比2告负，在塞维利亚主场也未能战胜对手，只获得0比0的战果。此后球队又客场平了北爱尔兰队，就这样西班牙队被淘汰，连续第3次缺席大赛决赛圈比赛。

1974年西德世界杯预选赛中，西班牙队与南斯拉夫队和希腊队分在一个小组，希腊队一场未胜，西班牙队与南斯拉夫队两场比赛战平。最后一场比赛，南斯拉夫队只要客场净胜希腊队2球，便可以在净胜球上追上西班牙队，超过2球便可以在净胜球上超过西班牙队，直接出线。比赛充满悬念，南斯拉夫队先是客场2比0领先，但被希腊队2比2追平，直到比赛最后时刻，南斯拉夫队只以3比2领先。如果这场比赛的结果是3比2，那么西班牙队可以直接出线，哪料南斯拉夫队在最后仅剩20秒时打进一球，以4比2战胜了希腊队。附加赛在法兰克福进行，西班牙队0比1小负于南斯拉夫队，赛后西班牙媒体认为这是库巴拉时代西班牙队踢得最差的一场比赛，后防线异常紧张，锋线没有速度，最后1球小负已属幸运。西班牙队就这样告别了西德世界杯。

1976年南斯拉夫欧洲杯的赛制仍旧是只有4支球队参加在南斯拉夫举行的决赛圈比赛，也就是说只有打进半决赛的4支球队才在东道主南斯拉夫进行赛会制比赛，所以只有杀进半决赛才算进入决赛圈的正赛，之前的1/4比赛都是在各自国家打主客场制比赛。西班牙队在小组赛中与苏格兰队、丹麦队和罗马尼亚队分在一起，西班牙队首先在客场2比1战胜丹麦队，然后再客场2比1战胜苏格兰队。其中对苏格兰队的比赛异常凶险，伊里瓦尔在西班牙队0比1落后的情况下扑出一粒点球，然后基尼打进2球。随后西班牙队在主场连续被苏格兰队和罗马尼亚队逼平，但好在最后西班牙队战胜丹麦队，并在客场2比2打平罗马尼亚队，晋级决赛。1/4决赛中，西班牙队的运气又不是很好，抽到了世界冠军西德队，主场1比1战平对手，但客场0比2告负。西班牙队就这样又缺席了1976年欧洲杯，算在一起，西班牙已经连续缺席了5届大赛决赛圈的比赛，其中包括3届欧洲杯和2届世界杯，这真是个该被遗忘的年代。

五、重回大赛和短暂的复兴

缺席了5届大赛后，西班牙队再次向1978年阿根廷世界杯发起冲击，在预选赛中他们与南斯拉夫队和罗马尼亚队同分在一组。西班牙队这次的表现不错，最后一场客场对南斯拉夫队，只输1球都可以保证球队晋级世界杯。南斯拉夫队是西班牙队那个时代的劲敌，1970年世界杯预选赛上南斯拉夫队和比利时队将西班牙队淘汰，1974年西德世界杯预选赛上，南斯拉夫队更是通过附加赛将西班牙队淘汰，那时候的南斯拉夫队的实力很强，不怕任何强队，更不用说西班牙队了，当时媒体一边倒认为南斯拉夫队战胜西班牙队晋级世界杯毫无悬念。

华尼托精神

　　鉴于这种形势，西班牙队主帅库巴拉选择了极端保守的方式对阵南斯拉夫队。西班牙队于比赛一周前就来到了南斯拉夫首都贝尔格莱德，库巴拉是为了让西班牙队员们适应对方的敌对情绪。南斯拉夫人喜欢玩心理战，所有遇到西班牙球员或教练的南斯拉夫人都会告诉他们一定会输。库巴拉还要求西班牙队医对所有球员的饮食进行检查，以免对手下毒。为了给主队加油，南斯拉夫领袖铁托为军队在比赛日当天放了一天假，无数军人涌入了贝尔格莱德红星队的主场，比赛当时有10万主队球迷前来助威。

　　除了场外的恐吓外，南斯拉夫队在场上也以踢人等各种方式恐吓着西班牙队球员。西班牙队和皇马的双料队长皮里在比赛开始4分钟后就被踢伤，场下稍作治疗上场后在第13分钟又被踢伤换下，赛后诊断为胫骨骨裂，静脉断裂，脚踝扭伤。但南斯拉夫队可能选错了对战西班牙队的方式，因为那支西班牙队有皇马的卡马乔和华尼托、巴萨的米格利，这些人都是硬汉，并不惧怕战斗性的比赛。南斯拉夫队的运气也欠佳，一次射门击中门柱，多次射门被西班牙队门将米格尔·安赫尔扑出。第

71分钟，鲁文·卡诺接边路传中先为西班牙队打进一球，那次射门打在卡诺的胫骨上，这个半失误的射门都能进球说明西班牙队的运气不错。

见西班牙队基本上拿到了比赛的胜利，库巴拉决定换下被踢了多次的华尼托。华尼托的性格非常强硬，直到现在一到皇马脚软的时候，媒体和球迷仍在呼唤"华尼托精神"，华尼托指的就是这个猛人。面对10万人的咒骂，华尼托被换下时大拇指向下赠予主场球迷，这的确是个不该出现的动作，就在华尼托快走到替补席时，一个白色的玻璃瓶飞来正好砸在他右侧太阳穴附近，这个像奶瓶一样的玻璃瓶被砸得粉碎，华尼托应声倒地一时失去知觉，被担架紧急抬出。而西班牙队最终以1比0的结果挺进世界杯，贝尔格莱德之战也被认为是足球史上最暴力的一场比赛之一。

有必要介绍一下华尼托这个在西班牙足球史上特别是皇马足球史上极为重要的人物。皇马历史上并不缺乏一流世界球星，例如迪斯蒂法诺、普斯卡什、菲戈、齐达内和罗纳尔多，但很少有球员能像华尼托一样被球迷们如此爱戴。直到现在，伯纳乌球场一到比赛进行到第7分钟时还会喊华尼托的名字，因为7号是华尼托在皇马的号码。华尼托除了在贝尔格莱德被砸外，最出名的一件事就是脚踩马特乌斯的脸，在1987年的一场欧冠半决赛上，华尼托用脚踩倒在地上的马特乌斯的脸，不过两人后来关系一直保持得不错，当时马特乌斯说要杀了华尼托，但华尼托赛后立马道歉，还送了马特乌斯西班牙斗牛斗篷和斗牛士佩剑，多年以后马特乌斯谈起华尼托都说他是个骑士和尊贵的人。此外，华尼托还干过很多奇事，他向自己的前队友施蒂利克吐过痰，打过东德裁判普罗科夫，被欧足联禁赛两年，后来踩马特乌斯脸被禁赛了5年。

很多球迷可能会想，这么一个混人，被20世纪最佳俱乐部皇马的球迷们始终奉为神明，未免显得皇马太暴力太没文化了，其实华尼托因为脚踩马特乌斯出名，但真正的"华尼托精神"并非出自于他的犯混。华尼托实际上是一个非常具有领袖魅力的球员，在20世纪70、80年代那个德国足球统治世界，连皇马见到德国球队都犯怵的年代，华尼托根本就不怕德国人，要知道马特乌斯是个在场上最强硬的球员，华尼托脚踩马特乌斯，是因为马特乌斯此前对华尼托的皇马队友有多次恶意犯规。华尼托是一个骨子里谁都不怕、谁都敢挑战的球员，而且要挑战就找最强的那个。

"华尼托精神"真正诞生于20世纪80年代皇马几次在欧洲赛场上的经典反超，在所有人都认为皇马输定了的时候，华尼托敢说不，并带领球队绝地反击，反败为胜。1984—1985赛季联盟杯半决赛上,皇马客场0比2输给国际米兰,回到主场3比0翻盘,并最终夺冠。1985—1986赛季联盟杯1/8决赛上,皇马客场1比5惨败于门兴格拉德巴赫,但华尼托不服输,带领皇马主场4比0神奇翻盘。华尼托当时的队友米歇尔回忆说:"我们那些年的故事基本一样,我们在客场输球,在主场反超,每次输球后,卡马乔进入更衣室一顿吼,华尼托对我们说,怎么能允许输成这样?球员们应该死在场上。"同赛季半决赛,皇马再次遭遇国际米兰,国际米兰又3比1拿下首回合主场比赛,但华尼托在更衣室通道里用意大利语告诉国际米兰球员们:"在伯纳乌的90分钟可很长。"米歇尔回忆说道:"华尼托那么矮小,你可能觉得他怎么可以传递出那么强的获胜信念,在比赛前半小时,他让我们相信我们绝对可以赢下这场比赛。"结果皇马在主场5比1翻盘,并在决赛中战胜科隆队卫冕联盟杯冠军。1987—1988赛季,皇马在冠军杯1/4决赛中遭遇拜仁慕尼黑,客场2比3告负,皇马在那个时候还从未淘汰过拜仁慕尼黑,但回到主场皇马又以2比0反超。

因为欧足联给华尼托5年的欧战禁赛处罚,皇马放弃了华尼托。华尼托1991年退役后成为梅里达队的教练,1992年4月1日,他带领梅里达的球员们前往伯纳乌球场免费观看皇马与都灵的联盟杯半决赛首回合,然而那之后华尼托再也没有回到梅里达队指挥训练，因为当晚乘车回梅里达的路上，华尼托乘坐的车为了躲避从一辆大卡车上掉下的原木，撞上了另一辆大卡车，华尼托在睡梦中死去。此后很多场比赛一到第7分钟，伯纳乌就会响起"华尼托"的喊声，"华尼托精神"由此而来。这是一种天不怕地不怕，不畏惧任何对手的精神，是一种全心投入将球队当作自己生命的激情，很多人都说这才是真正的皇马精神。

巴尔达诺曾谈过什么是领袖，他举例说："当我们第一次来到欧洲参加一项青年锦标赛时，我们在看台上观看德国队的比赛，我们都在说德国人太强了，这么强壮，速度这么快。这时候主帅梅诺蒂告诉我们，'你们比这帮德国人踢得好得多'。这就是一种领袖精神。"其实，华尼托也是这样的领袖，他的性格充满着革命性，他是个能带领球队挑战命运的人。

冻死人的阿根廷

西班牙队在缺席了5次大赛后终于来到了阿根廷，他们和巴西队、奥地利队、瑞典队分到了C组。兵马未到，粮草先行，准备参加世界杯和欧洲杯这样的大赛，后勤准备是非常重要的，比如2012年欧洲杯，德国队在波兰格但斯克的训练场都是提前一年自己花钱修的，冠军西班牙队在格但斯克的训练营也非常完备，幽静无人打扰，条件非常好。但是1978年，西班牙队却准备不足，很多人认为西班牙队从选择后勤基地开始就输掉了世界杯。

西班牙队选择了阿根廷马尔托纳当作训练基地，据前锋鲁文·卡诺回忆说："我们是在马尔托纳输掉的世界杯，那里的厨师只会做烤肉和意大利面，早餐是意大利面，午餐是烤肉和意大利面，晚餐是意大利面和烤肉。我们后来要求弄一点水果和鱼回房吃。房间没有空调，冷得要命，再加上潮湿和有风，显得更加冷，我们都是穿着衣服睡觉，必须要堵住房间窗户缝来保暖。我们要到几千米外的卡车司机工会和医生工会的场地训练，但我们到的时候发现场地有人，要转去另外一块场地，场上的人都在笑话我们。在马尔托纳，除训练外我们无事可做，因为什么都没有，有的球员去和当地军人打猎，拿机枪打鸭子。"

西班牙队就这样开始了世界杯之旅，第一场比赛以1比2输给了不起眼的奥地利队，奥地利队使用防守反击，而西班牙队面对这种战术方法不多，上半场错过了不少机会，下半场踢得糟糕无比。而且，比赛中西班牙球员臂缠黑纱，以悼念刚刚去世的皇马主席伯纳乌，球队在情绪上非常低迷。西班牙队主帅库巴拉赛后说："这是典型的中欧足球，先让你很自信，分散你的注意力，然后用快速防守反击制造威胁。"而奥地利队主帅塞内科维奇则说道："我们刚刚证明了我们也会踢球。我的球员们不抢主角，但不管谁是热门球队，都要在场上决出胜负。"

第二场比赛西班牙队对巴西队，巴西队早已不是贝利的那支巴西队。这场比赛西班牙队踢得比第一场要好得多，占据优势，下半时第30分钟，贝蒂斯的边锋卡德尼奥萨获得一次打空门的机会，当时巴西门将莱昂已经弃门出击，但是卡德尼奥萨的射门还是被回防的后卫阿马拉尔挡出。卡德尼奥萨长期以来因为此次射门不进被钉在历史的耻辱柱上，其实这次进球失败分析起来有很多原因，当时的球场条件不好，草皮翻起现象严重，卡德尼奥萨恰好赶上并不擅长的左脚射门。其实这样的情况并不少见，比如2013年联合会杯决赛上，西班牙队球员佩德罗也有一次这样的射门被大卫·路易斯挡出。

最后一场比赛，西班牙队虽然1比0战胜瑞典队，但只排在小组第三，提前出局。从库巴拉带领的这支西班牙队打进阿根廷世界杯决赛圈比赛开始直到2014年，西班牙队连续10次进入世界杯决赛圈比赛，也就是说西班牙队此后再也没有缺席过世界杯正赛。

皇马帮内战败北

不是冤家不聚首，西班牙队又在1980年意大利欧洲杯预选赛和南斯拉夫队分在一组，结果凭借最后一场比赛战胜小组中一场未胜的塞浦路斯队，西班牙队以1分的优势力压南斯拉夫队，进入决赛圈比赛，这次决赛圈比赛也改为8支球队参加。西班牙队与英格兰队、比利时队和东道主意大利队分在一组。

而比赛前出现了一系列问题，现任西班牙队主教练博斯克现在很善于处理巴萨和皇马球员的矛盾，包括处理现在马竞和皇马球员的矛盾，相信是从那时候学来的经验，博斯克就在当时的那支西班牙队内，从某种程度说他还是帮派斗争的受害者。那届欧洲杯赛开始前，大家就在为钱吵个不停，俱乐部希望从足协的赞助商那里分一杯羹，足协就让每个球员分自己的奖金给俱乐部，当时西班牙队球员的奖金很高。球员们不同意，而且球员们想把赞助商印在球衣上，但足协只允许印在非上场的运动服上。足协对球员们不满，将此事泄漏给媒体，媒体对球员们没有爱国感大作批评，球员们则更恨足协，认为足协是叛徒。

当时是皇家社会和皇马争夺联赛冠军的时代，两支球队在第10轮比赛后就开始在积分榜榜首和第二名的位置上交替，最终皇马以1分的优势夺冠。皇马和皇家社会球员们在联赛直接交锋中"像狗一样拼"（西班牙《ABC》报语），结果伤了和气，皇马的领袖华尼托公开批评皇家社会球员"牛逼哄哄"，主教练库巴拉不得不把华尼托和皇家社会队长阿科纳达叫来开会。在西班牙队对意大利队的第一场比赛中，首发球员居然没有一个皇马球员，预选赛踢主力的博斯克被皇家社会的天才中场萨莫拉取代，华尼托也是替补出场。

据博斯克回忆，当时还发生了很多事，主帅库巴拉在首场对意大利队比赛前1天正式宣布，这届大赛无论成绩如何将放弃球队与巴萨签约，这在当时动摇了军心。而库巴拉则选了大量巴萨球员进入球队，包括在巴萨踢替补的后卫奥尔莫以及在欧洲杯结束后就转会巴萨的亚历山科和基尼，这也引起了部分媒体的不满。

西班牙将在1982年举办本土世界杯，已经带队近11年的库巴拉为什么会放弃率领西班牙队打本土世界杯的机会一直是个谜。率领球队征战本土世界杯长期以来都是一件非常具有荣誉的事，大家抢还抢不过来，库巴拉执教西班牙队11年却在这个节骨眼上放弃了。媒体传闻巴塞罗那给库巴拉的年薪是2500万比塞塔，而库巴拉在西班牙队的薪水只有700万，猜测库巴拉是为了钱回到巴萨，但库巴拉自己说他在巴萨挣的钱比在国家队挣得少。这在当时并不合乎逻辑，因为库巴拉在国家队的700万比塞塔年薪低于任何一个西甲教练。等待接班库巴拉的西班牙国奥队主帅圣马里亚拒绝了希洪的1100万比塞塔年薪的邀请，为的就是接库巴拉的班打本土世界杯。库巴拉离开的真正原因应该是足协内部出了问题，当时的情况是，库巴拉的好友足协主席波尔塔被各个俱乐部逼迫辞职，在此前这位好友已经与库巴拉发生矛盾，波尔塔即将卸任，库巴拉在足协内缺乏支持，库巴拉自己也说："我在这个位置待得时间太长了，很多人不希望我再继续待下去。"

1980年欧洲杯上西班牙队实力并不弱，但运气相当差，首战意大利队本该赢下，但多次错过机会，替补出场的华尼托的任意球还打在横梁上。第二战，西班牙队1比2输给比利时队无话可说。第三战，西班牙队1比2输给英格兰队同样是运气很差，获得点球判罚后将点球罚丢，合法进球被取消，射门击中横梁。就这样，一支并不弱的西班牙队小组垫底被淘汰，这也宣告了库巴拉时代的结束。

库巴拉带领西班牙队参加了68场比赛，赢31场，平21场，输16场，打进98球，丢了60球。这个成绩并不差，甚至应该说好，但库巴拉被媒体指责为"只会赢友谊赛的教练"，总是赢不下重要比赛，其实重要比赛本来就难赢，不然就不叫重要比赛了。库巴拉带领球队打了5届大赛，只有最后的1978年世界杯和1980年欧洲杯闯入了决赛圈，但我们必须考虑到他接手时，西班牙队已经烂到家了，已经连续2届大赛没能打入决赛圈，连芬兰队都赢不了。

西班牙《ABC》报的一个标题比较中肯，那就是库巴拉的西班牙队没做什么荒唐事。其意思是该赢的比赛都赢了，遇到南斯拉夫这样强悍的对手，输赢各半并不算差，所以他们给库巴拉的定位应该是，这是一个不好不坏的教练。

库巴拉执教西班牙队还有几个特点，其一是球员们都非常拥护他，从没有人说他坏话，因为他很能为球员们争取利益，总是管足协要很多奖金，1980年意大利欧洲杯，每名西班牙国脚都分到了100万比塞塔，而库巴拉当时的工资是700万比塞塔；其二是库巴拉做球员时脚下技术可以说是数一数二的，但他执教球队喜欢硬汉，球队重视防守，爱打防守反击。后来，库巴拉远渡重洋，将这种风格传给了巴拉圭队，是巴拉圭队崛起的股肱之臣。

六、东道主西班牙队的失败

　　如果说1964年西班牙能成功举办欧洲杯是因为弗朗哥独裁政府的开放主义政策得到了国际上的认同，那么1982年西班牙能成功举办世界杯则是因为那时候西班牙已经没有独裁统治了。弗朗哥在1975年就死了，此后他任命的独裁接班人国王胡安·卡洛斯一世没有继续他的脚步，胡安·卡洛斯知道弗朗哥那套在民主世界已经行不通了，因此胡安·卡洛斯将西班牙带入了民主制社会。西班牙立刻进入了世界的怀抱，经济迅速腾飞，这在那个时期被称为"西班牙奇迹"。那时的西班牙与现在人们提起的西班牙完全两样，现在一提到西班牙人们首先想到的是被房地产泡沫摧毁的已经进入经济危机6年还没转机的国家。1982年世界杯之后，西班牙第一任民选首相——西班牙社会工人党党首菲利佩·冈萨雷斯，开始了8年的执政。

每个球员4个保镖

何塞·圣马里亚接替库巴拉出任了西班牙队主帅。带领西班牙队参加本土世界杯本是无上光荣的事，但他没有想到这差点毁掉自己的余生。何塞·圣马里亚是乌拉圭球员，后来加盟皇马归化到西班牙队，也是皇马的元老。

作为东道主，西班牙队历史上首次被定为种子队参加抽签，并抽了一个最容易的小组，小组中除了老对手南斯拉夫队外，另两支球队洪都拉斯队和北爱尔兰队都实力一般。抽签结束后，一位西班牙记者问圣马里亚说："西班牙队有着爱抱怨的名声，现在抽到幸运小组，没什么可抱怨的了？"圣马里亚说道："我从来没有抱怨过。"

不过，圣马里亚也有自己的问题，那就是他和媒体的关系非常不好，媒体除了对他保守的防守反击战术予以批评，还制造各种谣言，总是说他已经厌倦了国家队准备辞职了。面对这种形势，圣马里亚真的准备辞职了，在温布利对阵英格兰队前，他宣布赛后召开新闻发布会准备辞职。很多年以后，圣马里亚回忆道："赛前我看到记者们和足协主席喝咖啡聊天非常得意，他们都等着我输，然后看我走人。"

谁知道，圣马里亚的球队非常争气，历史上第一次在英格兰队的主场以2比1战胜了英格兰队，这使圣马里亚放弃了辞职的打算。比赛结束后，国家队球员们知道自己的队友、被绑架的巴萨球员基尼在当天获释，大家好好庆祝了一番。实际上在世界杯前，圣马里亚的西班牙队成绩不但不差，甚至可以说是相当好，因为作为东道主西班牙队不用参加预选赛，所以西班牙队打的比赛都是友谊赛，西班牙队在19场热身赛中，胜9场，平6场，负4场。在这些比赛中，西班牙队战胜过法国队和英格兰队这样的强队，但也主场0比3输给过匈牙利队，主场1比1被威尔士队逼平。

正处于过渡期的西班牙，政治上并不稳定，恐怖组织埃塔的活动非常猖獗。西班牙国家队成员卡马乔回忆说："世界杯即将来临，西班牙队很明显成为埃塔袭击的重要目标。"皇家社会当年刚刚完成联赛2连冠的伟业，有6名球员入选国家队，而西班牙当局为每个国脚配备了4名保镖，西班牙国家队中场萨莫拉回忆说："夺冠当天，我们全队大概有30多人，有的单身，有的带了家人一起去一家餐厅吃晚餐，我们进去后，就来了24个人，我们在下面吃，他们在上面看着，那气氛相当……"西班牙国家队前锋绍拉回忆说："我们在雪山上跑步，后面跟着几个背着包穿着运动服的便衣，我们都知道他们包里装着枪。"西班牙国家队后卫戈迪略回忆说："我们训练的时候，周围都是带着步枪警戒的安保人员。"

就是在这样的环境中，西班牙队开始了世界杯备战，其选择的集训地是莫利纳。这个地方在西班牙加泰罗尼亚地区和法国交界处，是滑雪胜地，经常有世界级别的滑雪大赛在这里举办，这里和大城市相比没什么人，特别是西班牙队是在5月去的，不是滑雪季更是没人。这个地方的气温与2小时火车车程外的巴塞罗那有20摄氏度差别，因为这里是山地内陆气候，与海洋性气候完全不同。莫利纳的海拔高度为1600米，按照时任西班牙国家队队医的说法，把球队拉去主要是用高海拔练体能，但实际上按照当时的政治氛围，西班牙队是找了个人少的地方方便安保，防范恐怖袭击。

但是，把莫利纳当作准备大赛的集训地事后证明是西班牙队在本土世界杯崩溃的一大原因。西班牙队小组赛比赛地巴伦西亚的温度在比赛时不低于35度，而西班牙队在莫利纳训练时有一张合影，大家都穿着羽绒服。戈迪略回忆说："联赛刚刚结束我们就去了莫利纳，那里很冷，我们的比赛地巴伦西亚很热，我认为我们的体能很差就是因为选择了莫利纳当集训地，这不是个好主意。"西班牙国家队队长阿科纳达说："那届世界杯的准备并不好，如果有些对手想搞垮我们，我觉得他们要祝贺我们选择莫利纳作为集训地的决定。"

所以说在准备大赛的时候不要搞什么新发明，准备大赛最重要的是要稳定，搞正常化的东西。2011年，卡马乔刚刚上任中国队主帅时，国家队集训地在昆明，结果在训练中卡马乔发现球员们的传中基本上是100%不到位，这已经不是中国队员水平低的问题了，因为就算是业余球员传中成功率也不可能这么低，有经验的卡马乔问过球员们是不是因为高原气流变化造成的。最终在那场中国队对新加坡队的比赛中，中国队涉险战胜了新加坡队，一位记者当时愤愤地说："老搞这些高原训练比赛，以为自己占便宜，结果差点把自己给搞死了。"这些说的都是一个道理。

"禁区外20米的点球"

西班牙队第一场比赛在巴伦西亚对战洪都拉斯队，西班牙国王卡洛斯到场观战。比赛开始前就出了岔子，赛场先奏西班牙国歌，再奏洪都拉斯国歌，此时西班牙队长阿科纳达已经和对方队长掷完硬币了，这时候西班牙国歌又响起了，裁判和双方球员不得不又站回来听国歌。

比赛由洪都拉斯队开球，洪都拉斯队开球就是一脚低平的、毫无威胁的远射，很明显他们是来打反击的，不想要控球权。比赛第7分钟，塞拉亚利用反击先为洪都拉斯队首开纪录。西班牙队中场萨莫拉回忆说："我们很想踢好，但是不能够，因为我们换不了档，我们完全没汽油了。"卡马乔回忆说："一般出现这种情况是一两名球员不在状态，或者紧张，但那次是所有人都没劲。"戈迪略回忆说道："洪都拉斯队也不是另外一个世界的球队，但当你的体能那么那么差的时候，什么都可能发生。"第66分钟，绍拉制造点球，乌法特罚进点球，西班牙队1比1扳平洪都拉斯队，但没能取得世界杯开门红。球场上，球迷们已经对西班牙队发出了嘘声，赛后媒体开始批评球员和球队的准备状况。戈迪略说道："如果洪都拉斯队你都踢不过，那肯定会引起大家质疑。"

西班牙队必须要赢下第二场比赛，面对的则是死敌南斯拉夫队，比赛还是在巴伦西亚。那场比赛上，西班牙队黑了一把南斯拉夫队。西班牙队老是抱怨在此前的比赛中被黑，运气不好，现在轮到西班牙队黑别人了，谁让西班牙这次是东道主。世界杯和欧洲杯这样的大赛上，其实黑幕年年有，从来不决断，不是今天你黑我就是明天我黑你，没有完全的公平。2002年韩日世界杯，意大利队和西班牙队都喊冤，说自己被东道主韩国队黑了，其实他们也没少黑别人。

西班牙队对南斯拉夫队的比赛中最著名的就是那个点球，这点连西班牙人自己都不否认，当年的后卫戈迪略说："说道那场比赛最著名就是那粒点球了，那粒禁区外20米的犯规被判了点球。"当时南斯拉夫队在第10分钟由古德利先进一球，之后西班牙队的佩里科·阿隆索中场开始突破，在禁区前1米处被放倒，犯规地点明显在禁区外，但裁判给了点球。后来佩里科·阿隆索说："当时我什么都没说，但之后看了重放，的确是在禁区外。"

西班牙队真不争气，乌法特的点球打偏了，但裁判的力量是永恒的，裁判以一名南斯拉夫队员提前进入禁区为由要求重发，乌法特不罚了，拿着皮球找到"大心脏"天不怕地不怕的华尼托说："你来踢。"华尼托二话没说，一罚就进，扳平了比分。然而，西班牙队必须要赢，圣马里亚换上了绍拉和基尼，正是利用一次角球机会，基尼的射门打偏，但后点的绍拉将球打进，西班牙队以2比1战胜了南斯拉夫队。

西班牙队的第三场比赛还是在巴伦西亚，面对小组最弱的北爱尔兰队。这场比赛西班牙队只要赢了，就可以以小组第一进入下一轮，但西班牙队居然没有赢，北爱尔兰队的阿姆斯特朗利用一次反击打进唯一进球，西班牙队以0比1告负。其实，北爱尔兰队根本就没想赢这场比赛，他们完全把来西班牙参加世界杯当成是度假。戈迪略回忆说："中午的时候我们还看到北爱尔兰人在游泳池和自己的老婆们玩，晒太阳，喝啤酒。"进球的阿姆斯特朗后来回忆时开玩笑说："可能我们当时有几名球员的确需要喝几杯，也许我们就是因为喝啤酒赢的。"

输给北爱尔兰队可是个大事故，虽然西班牙队仍以小组第二的成绩杀入第二轮小组赛，但他们遭遇的是西德队和英格兰队，而小组第一北爱尔兰队则遭遇的是法国队和奥地利队，北爱尔兰队面对的是一个要轻松得多的小组。顺便说一下，当时的赛制是12支小组出线的球队分在4组里，每组3支球队，各组第一名出线打半决赛。

西班牙队提前来到了决赛场地伯纳乌，此前西德队和英格兰队战平，西班牙队首战西德队不能输球才有晋级的希望，但西德队作为欧洲冠军实在太强大了，第50分钟，利特巴尔斯基就利用补射进球，第75分钟，利特巴尔斯基盘过门将让菲舍尔将球打进空门，西班牙队只是在第82分钟由萨莫拉头球扳回一城，最终1比2告败。西班牙队就这样被淘汰了。在最后一场走过场的比赛中，西班牙队虽有破门机会但还是没有掌握住，0比0打平英格兰队。卡马乔回忆说："我们的实力肯定强过一些从我们身上拿到分的球队，比如北爱尔兰队和洪都拉斯队，但我们的确不如德国队，这是肯定的。这届比赛我们表现得那么差，以至于没人能找到原因。"萨莫拉说道："实在是太遗憾了，论球员的能力，我们至少应该能打进半决赛，一切太痛苦太艰难了。"

西班牙队本想像1964年欧洲杯一样凭借东道主的优势取得成绩，但最终却只胜一场，这让球迷们极为失望。卡马乔回忆说："我们那时候可能不懂得怎么承受压力和主场举办世界杯的重要性。"1982年世界杯被评为西班牙足球史上最让人失望、最低潮的一届世界杯。西班牙队主帅圣马里亚成为众矢之的，是媒体批评的焦点，他很多年后回忆说："我在那届世界杯后6~8年的时间里一直很痛苦，我不想听外界的一切情况。"

对西班牙人来说，这是一届让人失望的世界杯，但1982年西班牙世界杯也是一届组织完善、有相当多经典比赛和经典人物出现的世界杯，金童罗西以帽子戏法淘汰历史上踢得最漂亮的巴西队、法国队和德国队在半决赛中的加时赛大战、决赛中意大利队战胜德国队的比赛等都是经典中的经典。从足球发展的角度看，西班牙世界杯是一届趋于完美、精彩辉煌的世界杯。

七、1984年，第二次辉煌

圣马里亚在1982年西班牙本土世界杯后悲惨下课，西班牙足协必须要找个猛人才能平息媒体的争议，于是他们找来了米格尔·穆尼奥斯。毫不夸张地讲，米格尔·穆尼奥斯是当时西班牙足坛成绩最好的教练，也是皇马历史上最成功的教练之一，在执教西班牙队前，他在皇马带队15年，夺得2次冠军杯冠军和9次联赛冠军，9次联赛冠军这个纪录至今无人可破。米格尔·穆尼奥斯本就是皇马五冠王时代的球员，是皇马第一次捧起冠军杯时的队长，他为皇马夺得3次冠军杯冠军后选择了退役。伯纳乌主席让米格尔·穆尼奥斯当了一年皇马青年队主帅，其后他便开始了漫长的皇马执教生涯。这点和瓜迪奥拉有相似之处，瓜迪奥拉执教巴萨取得辉煌前也执教过巴萨二队，可见用自家队长（瓜迪奥拉做球员时也是巴萨队长）当教练并非是这个时代的发明，而是半个多世纪前就有了。

皇马名帅的铁腕

猛人就有猛人的做法，米格尔·穆尼奥斯首先把很有性格的华尼托和他的好友乌法特（1982年世界杯上对战南斯拉夫队第一次点球没罚进，后来让华尼托罚点球的那个球员）驱逐出国家队。一开始，米格尔·穆尼奥斯还只是不招华尼托和乌法特入队，但华尼托只要一接受采访就嚷嚷穆尼奥斯的做法不公平，无论是看表现还是看联赛射手排行榜，他都应该入选。穆尼奥斯一开始以球队要找速度快的边锋为由不招华尼托，后来干脆把话说狠："联赛射手榜？华尼托和乌法特是在卡拉斯科（巴萨边锋）的上面，但他们有一半进球是点球。在巴伦西亚时，他俩一见到洪都拉斯队员就跳，真让人感到耻辱。然后他们把责任都推给了教练。可怜的萨特鲁斯特吉一个人在整条边路跑来跑去，还好他只是受伤，没死就不错了，再看看那两个，只会跳，然后和裁判击掌。"

　　应该说穆尼奥斯除了不满华尼托和乌法特在世界杯上的表现以及不需要这类风格的球员外，他主要是在"打老虎"、"拔刺头"，这就像瓜迪奥拉一上任就宣布小罗、德科和埃托奥这巴萨队内三大王牌出队一样，可能小罗和德科的水平的确下滑严重，而埃托奥还是有水平的，但为了球队的管理瓜迪奥拉还是在第二个赛季坚决送走了他。华尼托谁都不怕，估计能镇得住他的只有皇马老主席伯纳乌，但伯纳乌那时已经死了。

　　华尼托在皇马的时候就和主帅阿曼西奥不和，而阿曼西奥当球员时是穆尼奥斯的弟子。一次皇马在米兰客场以0比2输给国际米兰后，阿曼西奥到酒店去看望受伤的布特拉格诺，但在布特拉格诺的房间找不到人，便开始一间一间找，找到华尼托房间时听到屋里面很乱，便推门进去，看到华尼托和他的室友罗萨诺在一张床上和几个女人戏耍，布特拉格诺在另外一张床上躺着看书，看的是自己业余时间攻读的企业管理专业的书籍，所以说布特拉格诺没被带坏还真是有坐怀不乱的定力，正是凭借这股劲，他如今成为弗洛伦蒂诺的左右手、皇马大学的校长，这都是后话。

12比1的奇迹

就在这样的环境里，西班牙队开始征战1984年欧洲杯预选赛，这次西班牙队与荷兰队、爱尔兰队、冰岛队和马耳他队分到一组。碰巧的是荷兰队和西班牙队最后一场打的都是马耳他队，西班牙队不过是在4天之后打比赛。荷兰队在打马耳他队之前对西班牙队有5个净胜球优势，荷兰队认为这次出线定了，最后一轮只打了马耳他队5比0，这意味着西班牙队最后一轮对马耳他队要最少有11个净胜球才能出线。

1983年12月21日，西班牙队和马耳他队的比赛在塞维利亚进行，穆尼奥斯让西班牙队的球员们相信他们可以做到，球员们都很自信，但西班牙球迷们却没那么自信，特别是西班牙队直到比赛第15分钟才打进第一球，而9分钟后马耳他队居然将比分扳平了，上半场结束后，西班牙队只以3比1领先。这就意味着西班牙队要在剩下的45分钟内打进9球，平均5分钟一球，球迷们无法相信西班牙队能完成这个奇迹，但西班牙队做到了，在第83分钟时就完成了，西班牙队以12比1战胜马耳他队，进军法国世界杯。这场比赛成为至今被西班牙球迷们纪念的奇迹，是西班牙足球史上最重要的比赛之一。荷兰队气急败坏，一直在指责这是一场被操纵的比赛，但直到今天也没有证据支持荷兰人的指责。最终欧足联修改了竞赛规则，最后一轮比赛改为必须同时开踢，就像1982年世界杯在西德队和奥地利队达成默契以1比0携手"做掉"阿尔及利亚队后，国际足联将世界杯小组赛最后一轮改为同时开踢一样。现在的国际足球规则已经相当完善，但并不是制定规则的人有远见什么事都能预料到，制定了完美无瑕的规则，而是有太多案例出现，导致足球规则的发展，足球规则是出自实践而不是想象的规则。

门神的污点

西班牙队在1984年欧洲杯上和世界杯亚军西德队、葡萄牙队和罗马尼亚队分在一组。西班牙队在头2场比赛中分别被葡萄牙队和罗马尼亚队以1比1逼平，这意味着西班牙队必须战胜西德队才能晋级，而西德队只需要打平即可晋级。西德队上半场利用2次角球击中西班牙队横梁，一次沃勒尔的小角度射门击中门柱，西班牙队也由卡拉斯科罚丢了一个点球。下半时是西班牙队队长阿科纳达表演的机会，他扑出克劳斯·阿洛夫斯的2次单刀球和鲁梅尼格一次近在咫尺的禁区内转身射门。直到比赛最后一分钟，西班牙队中卫马塞达头球打入一球，西班牙队以1比0战胜世界杯亚军西德队，这也是西班牙队首次在正式比赛中战胜西德队。

西班牙队淘汰了西德队，半决赛对手是年轻的大劳德鲁普领军的丹麦队。那场比赛丹麦队先进球，然后马塞达将比分扳平。丹麦队一直狂攻，又是阿科纳达高接低挡，直到比赛第120分钟还挡出了对方连续3脚射门。比赛进入点球决战，大劳德鲁普第3个出场，点球被阿科纳达扑出，但裁判要求重罚，大劳德鲁普这次将球打进，丹麦队最后一个出场的埃尔克耶尔将点球打高，而萨拉维亚将球打进，西班牙队挺进决赛。

20年后，西班牙队再次进入决赛，面对的是普拉蒂尼领军的东道主法国队。第57分钟，普拉蒂尼在禁区外主罚任意球，他的射门质量并不高，但之前一直神勇的阿科纳达却将球从腋下漏入网内，此后西班牙队狂攻不得要领，法国队最后时刻又进1球，第二次欧洲冠军与西班牙队擦肩而过，直到24年后才实现。很多年后，阿科纳达回忆说："当时我正处于状态巅峰，被提名为最佳门将，但最后感觉残忍的事实把我拉了下来。"很多年以来，球迷们忘了西班牙队能打入决赛阿科纳达有很大功劳，只记得西班牙队丢掉冠军是因为阿科纳达的失误，直到24年后，西班牙队夺得第二次欧洲杯冠军，替补门将帕洛普身着当年阿科纳达的球衣从欧足联主席普拉蒂尼手里领取了金牌，他说想还阿科纳达一个公道。

八、四分之一决赛噩梦

　　带着欧洲杯亚军的荣誉，西班牙队主帅米格尔·穆尼奥斯开始了1986年墨西哥世界杯的征战。预选赛中，西班牙队与苏格兰队、威尔士队和冰岛队分到一组。这个小组实力平均，苏格兰队和威尔士队都很强，西班牙队在客场分别以1比3和0比3先后输给苏格兰队和威尔士队，但在最后一轮比赛中，苏格兰队和威尔士队1比1打平，而西班牙队在主场2比1战胜冰岛队，最终以1分的优势压过这两支英国球队出线，进军墨西哥。

中卫赌博

这是一支非常年轻的西班牙队，和4年前西班牙本土世界杯上的阵容相比，穆尼奥斯换掉了22名队员中的17人，只留了卡马乔、加列戈、戈迪略、马塞达和乌鲁蒂。老队长门将阿科纳达因为伤病离开了球队，顶替他的是苏比萨雷塔。苏比萨雷塔是巴萨被称为"梦之队"时的门将，也是现在巴萨的体育总监。萨莫拉也因伤离队，华尼托和乌法特则是被排除出国家队。

这支队中在锋线的领军人物是皇马前锋布特拉格诺，这时他只有22岁。皇马这一时代被称为是五鹰时代，这个外号就是来自于布特拉格诺的外号是鹰，准确地说是叫秃鹫，因为西班牙语秃鹫一词与他的名字有谐音之处，但叫秃鹫太难听了，还是翻译为鹰好听点。

穆尼奥斯对自己组建的这支球队相当有信心，他甚至在开赛前说道："等到那一天来临，我会告诉球员们我们可以赢得一切。"穆尼奥斯的目标是夺冠，在强手如云的世界杯上，他有这个信心，因为他的确组建了一支非常强大的球队。

西班牙队和3届世界杯冠军巴西队、北爱尔兰队和阿尔及利亚队分在一组，这并不是一个困难的小组，特别是巴西队已经不是4年前的巴西队，尽管球员基本上还是4年前的球员，但水平下降很多，所以说任何运动队都必须要抓住时机更新换代。首场对巴西队，西班牙队以0比1告负，但西班牙人很不服气，因为米歇尔（五鹰之一，技术最好的那只鹰，换在今天就是伊涅斯塔）的一脚远射击中横梁后落在门线内，但裁判无视了这个进球，下半时苏格拉底的头球却被记在账上。

　　这场失利除了进球没算外，对西班牙队最不利的是中卫马塞达膝关节受伤了。这名身高1.89米的皇马中卫相当强悍，1984年法国欧洲杯上西班牙队对西德队唯一的进球和半决赛对丹麦队唯一的进球都是他进的，他是空中霸主，选位意识极好，但他的运气也不好，欧洲杯因为禁赛没打成决赛，现在世界杯第一场比赛后就受伤，此后因为无法克服膝伤，他在两年后就退役了。更惨的是西班牙队本身，穆尼奥斯的22人名单冒了个很大的风险，今天看来是非常不专业的，那就是他只带了2名中卫到世界杯，一位是马塞达，另一位是戈伊科切亚。媒体在名单公布后提了很多意见，但穆尼奥斯没有听取，他总是说如果有受伤的，那就让卡马乔和加列戈顶替，也就是让他们俩踢中卫。卡马乔是左后卫，非常勇猛，但身高不够，加列戈是脚下有活的中场，但身高也不够，两人都不到1.80米。其实穆尼奥斯根本就没有准备让卡马乔和加列戈打中卫，他是在赌，一来世界杯就算打到决赛实际上就7场比赛，中卫位置一般消耗不大，不如边后卫那样上下跑来跑去爱受伤；二来他对这两个中后卫绝对信任，不太可能因为状态不好换人。穆尼奥斯把名额都留给了中前场球员，为的是要赢，因为只有进球才能赢，这也可以看出他的夺冠之志。

西班牙队第二个对手是北爱尔兰队，北爱尔兰队的表现相当差，被西班牙媒体称为毫无内容的球队。开场63秒，布特拉格诺接到米歇尔的直传将球打进，西班牙队上半场又由萨利纳斯打进1球，2比0领先。下半场，代替马塞达出任中卫的加列戈一个头球回顶，门将苏比萨雷塔根本就没想到他会冒那么大风险在有前锋逼抢的情况下回顶，在后退的过程中要立刻加速向前跑接球，结果摔了个趔趄，对方前锋科林·克拉克利用这个失误打进一球。这已经初步暴露出西班牙队中卫的问题。

小组赛最后一场，西班牙队以3比0轻取阿尔及利亚队，顺利进入1/8决赛。

布特拉格诺独中4元

1/8决赛西班牙队遭遇了1984年欧洲杯上被他们淘汰的丹麦

队，按照当时的媒体分析，两队都是黑马，特别是丹麦队在小组赛曾以6比1轻取弗朗西斯科利领军的乌拉圭队，瞬间变成了夺冠热门球队之一。穆尼奥斯的神奇之处在这场比赛中显现出来，因为他派出了2个左后卫，一个左后卫卡马乔主要负责防守对方球员大劳德鲁普，而当卡马乔追大劳德鲁普的时候，另一个以左边锋身份出场的左后卫胡利奥·阿尔韦托则打左后卫，这种安排大大克制了大劳德鲁普的威力。上半场，比赛进入胶着状态，丹麦队略占优势，而加列戈不善打中后卫的毛病又显现了，加列戈禁区内不负责任的铲球使对手获得了点球，耶斯佩尔·奥尔森罚中点球，丹麦队以1比0领先。

此后就是布特拉格诺表演的时间，赛后他说做梦都想不到自己能有这样的表现。布特拉格诺先是利用对手回传门将失误，在半场结束前扳回一球，下半场他又头顶脚踢打进3球，戈伊科切亚打进的点球，也是布特拉格诺创造的。第89分钟，布特拉格诺以一个克鲁伊夫式的转身过人又造了一个点球，他亲自罚中。丹麦队中卫队长莫尔滕·奥尔森赛后说："我再也不想在球场上见到布特拉格诺了，连看到他的画都不想。当安德莱赫特（奥尔森是安德莱赫特足球俱乐部的中卫）以1比6在伯纳乌输球时他就踢得很好，现在又很好，我运气实在不好，在他的两场充满灵感的比赛中遇到他。"布特拉格诺也成为世界杯历史上第9位在一场比赛中打进4球的球员，也是20年来第一人，1966年世界杯，葡萄牙队的尤西比奥曾在对朝鲜队的1/4决赛中打进4球。

布特拉格诺的进球让西班牙举国振奋，国王卡洛斯、首相菲利佩·冈萨雷斯都给穆尼奥斯发来贺电，甚至有人要让布特拉格诺给执政党做广告，首相冈萨雷斯说："来蒙克洛亚宫（首相官邸）吧，布特拉格诺。"

主帅穆尼奥斯赛后非常激动地说："我们可以战胜任何一个强队，赛前都说丹麦队强过我们，但我们最终战胜了丹麦队。"

1/4决赛厄运

不过，穆尼奥斯的麻烦也来了，西班牙队表现最好的球员之一、中卫戈伊科切亚领到赛事第二张黄牌停赛，因为他铲断丹麦队前锋埃尔克耶尔，但电视慢镜显示他没有碰到埃尔克耶尔，摔得"漂亮"的埃尔克耶尔起身后拍了拍戈伊科切亚，用意大利语（埃尔克耶尔在意甲维罗纳队效力）说："不是我的错，裁判吹的。"戈伊科切亚只能苦笑。

赛后戈伊科切亚说："我都不用看电视，我根本就没碰到他。"戈伊科切亚是个狠角色，他出名已久，但出的不是好名而是恶名，他曾先后铲伤巴萨前后两任核心球员舒斯特尔和马拉多纳，舒斯特尔被铲得右膝关节多处韧带断裂，手术后休息了9个月，马拉多纳的腿被铲断了，戈伊科切亚被称为"毕尔巴鄂屠夫"。2008年，戈伊科切亚被英国《卫报》评为史上最凶狠残忍的后卫。很多记者认为戈伊科切亚的这种恶名也是促成他得到这张冤枉牌的原因，而他自己则说："不可能，我连想都不会这么想。我的两张黄牌都是因偶然。"

这样一来，西班牙队的两名专业中卫马塞达和戈伊科切亚都无法出场了，穆尼奥斯真的只能用卡马乔和加列戈打中卫了，加列戈已经在2场比赛中出现失误导致西班牙队丢球，这不是个好兆头。穆尼奥斯也知道自己的麻烦来了，他说道："戈伊科切亚是名非常杰出的球员，我们不可能指望有谁在一日之间可以模仿他，他的缺席是非常敏感的。"

比利时队相比于丹麦队来说是一支非常"聪明"的球队，因为他们打的是防守反击，西班牙队则在整场比赛中展开进攻，但比利时队却利用上半场唯一的一次机会，由他们的明星球员瑟勒芒斯利用边路传中打进一粒头球，这再次突显了西班牙队没有专业的、能防空的中后卫的问题。西班牙队直到第85分钟才由塞尼奥尔利用战术角球，在禁区外远射扳平了比分。

加时赛双方都没有进球，比赛进入点球大战。点球这种事是完全没谱的，1984年欧洲杯西班牙队凭借点球大战淘汰了丹麦队，而这次他们被比利时队淘汰了，西班牙队第二个出场的埃洛伊的点球被扑出，而比利时队5粒点球全部罚中。赛后穆尼奥斯很激动地说："我们控制了整场比赛，包括加时赛的30分钟比赛，而比利时队却利用一次幸运的反击得分。点球大战是很坏的淘汰赛形式，加赛一场是正常的比赛形式，但因为日程表里找不到时间，只能点球大战，但这不符合世界杯这么高水准的比赛要求。西班牙队是高昂着头离开的墨西哥，没有球队证明自己比西班牙队强，对战巴西队输了还是因为一个没有被算在内的合法进球。"

奇怪的是，不光西班牙队是被点球大战淘汰的，这届世界杯1/4决赛中有3场是通过点球大战决出胜负的，其中法国队淘汰了巴西队，西德队淘汰了墨西哥队，只有阿根廷队凭借马拉多纳的世纪最佳进球和"上帝之手"淘汰了英格兰队，又连续战胜比利时队和西德队夺冠。

西班牙队回国后得到了球迷们的欢呼，球迷们认可这支国家队，也认可主帅穆尼奥斯的工作。在2008年欧洲杯夺冠前，1986年、1994和2002年世界杯西班牙队都打进了1/4决赛，这被认为是西班牙队近代足球史上最成功的3次表现。但是自此也埋下了一个魔咒，每次球队都有夺冠的实力，但总是冲不过1/4决赛，这也被称为1/4决赛魔咒。直到22年后，西班牙队才破解了此魔咒一跃成为欧洲冠军，并开始称霸世界，成为统治一个时代的球队。

九、一代名帅穆尼奥斯陨落

　　1986年墨西哥世界杯，西班牙队的表现并不让人失望，穆尼奥斯有资格带球队继续冲击1988年西德欧洲杯。在预选赛上，西班牙队与罗马尼亚队、奥地利队和阿尔巴尼亚队分在一组，西班牙队晋级的过程并不是一帆风顺。最后一轮前西班牙队的形势极为不利，当时西班牙队和罗马尼亚队同积8分（胜2分，平1分），而西班牙队只有3个净胜球，而罗马尼亚队有10个净胜球。这就是说在最后一轮比赛中，西班牙队要比罗马尼亚队多捞7个净胜球才能出线，因为当净胜球相同时西班牙队的进球数多于对手，这等于又出现了4年前欧洲杯预选赛最后一轮对马耳他队的情况。这次西班牙队只以5比0战胜了小组最弱的阿尔巴尼亚队，眼看出线无望，可从奥地利维也纳传来了好消息，奥地利队逼平了罗马尼亚队，西班牙队运气不错，上一届欧洲亚军就这样出线了，而上一届欧洲冠军法国队却被淘汰，这让西班牙队成为本届欧洲杯夺冠的热门球队之一。

皇马只挑事不平事

西班牙队与东道主世界杯亚军西德队、意大利队和老对手丹麦队分在一个小组，这并不是个舒服的小组，但欧洲杯决赛圈一共就8支队两个小组，另外一个小组从后来看更不舒服，有1988年欧洲杯冠军荷兰队和亚军苏联队，还有英格兰队和爱尔兰队。

1986年世界杯，米格尔·穆尼奥斯豪赌两中卫马塞达和戈伊科切亚，结果马塞达在第一场比赛上就受伤，而戈伊科切亚在对比利时队的关键一战中停赛，西班牙队实力大为受损。按理说，这届欧洲杯穆尼奥斯应该吸取教训，但他却无教训可吸取，因为马塞达的伤势一直就没好，后来干脆退役了，戈伊科切亚从毕尔巴鄂转会到马德里竞技后也总是受伤，根本无法保证在国家队的表现。西班牙队无好中卫可用，当时除了这两个中卫很强外，其他中卫都顶不上来，所以说好球员不是代代出，经常是隔代出，甚至隔代都不出。当时穆尼奥斯在谈到戈伊科切亚因伤无法最终入选国家队的比赛时说道："戈伊科切亚这样的球员是很难找到人代替的，我指的不光是防守能力和身体素质，还包括领袖风范。我们只能鼓励他生个儿子好好培养，接替他的位置了。"记者们提醒穆尼奥斯戈伊科切亚只有个女儿还没有儿子，穆尼奥斯说："那我们应该鼓励他要个儿子。"

为了试验阵型，西班牙队从当年1月到首场比赛前1周，安排了6场友谊赛，但一场没赢，球队的后防组合频频更换，但依旧无法解决防守不牢靠的问题，这对一支要打杯赛的球队来说是相当致命的，因为杯赛就那么几场比赛，一场失误就可能出局，穆尼奥斯最后试用了5名后卫，都无法解决后防问题。

当时的另一情况是，主力门将苏比萨雷塔的状态不好，很多人希望阿科纳达上场。当时被苏比萨雷塔顶替的传奇门将阿科纳达伤已经好了，迎来了职业生涯末期的辉煌，1987年带领皇家社会勇夺国王杯冠军，1988年还带领球队夺得联赛和杯赛的双亚王。媒体本来就喜欢阿科纳达，因为阿科纳达比苏比萨雷塔勇于承担责任，无论输赢，都有队长的风范。但足协却很讨厌这个刺头，因为阿科纳达总是为国家队队友们出头，没事就抨击足协或者代球员管足协要钱。当时有一种传闻是阿科纳达入选不了国家队，是因为足协坚决抵制他，这传闻不是街头传闻，而是继任阿科纳达当西班牙国家队队长的卡马乔公开指责的。卡马乔也对得起队长这个称号，阿科纳达走后，卡马乔接班跟足协对着干，丝毫不怕因此导致自己入选不了国家队，也是个极为有个性的人，不然后来怎么能两次出任皇马主帅，当然，当中国队主帅就另当别论了。

最终，阿科纳达还是没能入选，穆尼奥斯不承认是受到足协压力。这话应该是真话，当时的情况是苏比萨雷塔一直是主力门将，预选赛一路打下来苏比萨雷塔也都是主力门将，穆尼奥斯根本就没有理由临阵更换门将，这届杯赛后，不招入阿科纳达被当作穆尼奥斯的一大罪状，但仔细想想这并不算什么罪。阿科纳达本人也很豁达，天天被记者问，就是不评论。就算是阿科纳达没有进入国家队，苏比萨雷塔在欧洲杯期间还是不能安生，因为媒体要求皇马门将布约出场，布约也很给力，在西班牙队对战丹麦队的比赛后说道："尽管苏比萨雷塔现在的状态并不好，但他还是国家队的保证。"其实，当时马德里媒体炒作布约出场也可以理解，就像现在巴塞罗那的媒体炒作巴尔德斯应该取代卡西利亚斯一样，都是带有目的性的，动机不纯。

1986年世界杯马塞达受伤还埋下了一个隐患，马塞达这么个超级后卫在国家队受伤后退役了，这导致皇马非常不满。如果说1988年欧洲杯西班牙队有什么不安定因素，那就是皇马主席门多萨。那个时代的皇马正是五鹰时代辉煌的时候，从1985年到1990年，皇马获得联赛5连冠，并在1985年和1986年蝉联联盟杯冠军，在1988年打进欧冠半决赛。因此这届西班牙国家队以皇马班底为主，共有8人入选，分别是门将布约，后卫卡马乔、桑奇斯，中场加列戈、米歇尔、戈迪略、马丁·巴斯克斯和前锋布特拉格诺。

西班牙足协和皇马之间的矛盾在1987年小组赛最后一场西班牙队对阿尔巴尼亚队的那场比赛前爆发了，戈迪略来到比赛地巴伦西亚集训，后来又被皇马叫了回去，再后来又被西班牙足协叫回巴伦西亚，但最后他一分钟比赛也没打。皇马说，他们还没给戈迪略伤愈证明，足协怎么就着急把他拿去用。而西班牙足协那边私底下通过记者了解到戈迪略已经伤愈，并参加了皇马的训练，一点事都没有，这场比赛这么关键怎么不能招？这是双方第一次吵架。

鉴于皇马在西班牙队势力很大，门多萨又是西班牙足协副主席，为了和稀泥，西班牙足协主席罗加让门多萨担任本次欧洲杯代表团的领队，让他天天看着自己的球员。但是这种和稀泥的手段只能让情况更坏，门多萨发扬了坚持挑事、永不平事的传统，先是挑国家队队医和理疗师的毛病，让皇马球员小心他们，并暗示当年马塞达和戈迪略的伤和他们的无能有关，并要求再增加一名队医和理疗师，再老实的人也受不了这种挤兑，于是队医和理疗师都公开向门多萨开炮了。然后门多萨开始挑西班牙足协主席罗加的刺，罗加带着家人来到德国和球员们一起吃饭，门多萨一看到这种场景起身就走，并公开指责罗加的行为。门多萨还喜欢挑拨离间，告诉主帅穆尼奥斯有两名球员是带伤来到国家队的，但医生没有告诉主帅，而是私自给他们打了封闭针隐藏伤病，穆尼奥斯一听火了。说队医是个叛徒败类，但后来门多萨叫来足协主席想就此把队医从球队里赶出去时，穆尼奥斯不认账了，说没这事。这其实非常好理解，穆尼奥斯刚得到消息肯定火了，但他也是个"老油条"，平静下来一想就知道门多萨葫芦里面卖的什么药，队医跟了穆尼奥斯这么多年了，当然比门多萨值得信任。

一代名帅老无所依

有人将这届西班牙队的失利归结到内部管理差劲，比如说西班牙队的驻地是在高速公路边上，驻地旁还有个加油站。

但是就算足协再愚蠢，门多萨再能捣乱，也都不是失败的主因，主因应该说是球队整体并不在状态，按照穆尼奥斯的话说是："我非常担心我们的体能状态，米歇尔一个赛季打了70场比赛，而对方球员可能只打了50场比赛。"人员结构也不够合理，这时候西班牙队的老将比较多，比如赛后就从国家队退役的老队长卡马乔已经33岁了。一句话，西班牙当时找不出22个能帮助球队夺冠的球员。

西班牙队首战以3比2胜了丹麦队，这是他们1988年第一场胜利，丹麦队很恼火，被称为当时"史上最好"的丹麦队每次都被西班牙队击败，丝毫找不到办法。次战对意大利队，面对对手的密集防守西班牙队找不到射门机会，被维亚利打进一球，以0比1告负，最倒霉的是球队核心米歇尔被年轻的小马尔蒂尼给搞伤了。最后一战对西德队，西班牙队必须要赢才能出线，但西班牙队知道自己很难战胜西德队，所以在赛前就安排了购物活动，基本上该买的都买了，就等着比赛一结束上飞机回家。但是话说回来，西班牙队对西德队打出了状态最好的一场比赛，虽然还是被沃勒尔的两个进球给淘汰了。

卡马乔以81场国家队比赛的成绩结束了自己在西班牙队作为球员的生涯，他作为教练的光辉生涯后面再说。而一代名帅穆尼奥斯也结束了自己的职业生涯，他在赛后说："我没什么可后悔的，也不会苛责球员们，他们作为人已经尽了人能尽的努力了。另外，我们也不是经常获得大赛冠军的球队，不要搞得好像我们得过很多次欧洲杯和世界杯一样。"穆尼奥斯虽然在很长一段时间内还是想带领球队打1990年意大利世界杯，但所有人都知道他的职业生涯结束了。原因之一是足协主席改选，丑事频出的罗加不可能当选，但最主要的原因是穆尼奥斯当时已经66岁了，是这届欧洲杯年龄最大的主帅，意大利媒体称他为"老头"。作为一个老人家没什么不好，问题是穆尼奥斯是铁腕主帅，他以在皇马拿下迪斯蒂法诺而闻名。实际上他再铁腕也不忍心拿下自己的老哥们，是主席伯纳乌看到迪斯蒂法诺辉煌不再想为球队更新换代，起初穆尼奥斯提出辞职，但被伯纳乌拒绝，最终穆尼奥斯拿下了迪斯蒂法诺。

老人政治的另一个问题是人老了以后就不会那么热衷于铁腕政策了，即便你还是那么热衷于铁腕政策，下面血气方刚的年轻人看你就觉得你衰弱，觉得你利令智昏，也不会像以前那么服从你，甚至会造反欺负你。穆尼奥斯本人也患上了老年人常犯的猜疑症，之前的助手米埃拉和路易斯·苏亚雷斯都没被招进这次欧洲杯，特别是路易斯·苏亚雷斯刚率领西班牙青年队夺得欧青赛冠军，是穆尼奥斯的有力接班人，但穆尼奥斯不喜欢自己有个接班人，便将之前两届大赛进入教练组的苏亚雷斯排除出教练组，两人因此关系冷淡。这届欧洲杯，穆尼奥斯遇到了前所未有的批评浪潮，不光是媒体批评，很多他的同行和学生也在批评他，比如他曾经在皇马的队友桑奇斯就说道：

"穆尼奥斯是我8年的教练和队友，但我认为他应该带一些球员去欧洲杯而没带，不应该带一些球员去欧洲杯却带了，首当其冲的就是我儿子桑奇斯。"

最终穆尼奥斯没能带球队去意大利。穆尼奥斯是个体面的绅士，欧洲杯后门多萨还在落井下石爆种种不利于穆尼奥斯的料，但穆尼奥斯坚决不做回应，"他爱说什么就说什么去吧。"最终在1990年7月中旬意大利世界杯结束后，穆尼奥斯因为食道大出血去世，西班牙举国悼念这位皇马历史上也是至今为止都无人能超越的最伟大的主帅。穆尼奥斯在西甲执教21个赛季夺得9次冠军，是史上第一位以球员和教练身份夺得过欧冠冠军的人，他把一生都献给了皇马和西班牙足球。

十、成也米歇尔，败也米歇尔

五鹰时代终结

　　西德欧洲杯结束后，维拉当选为西班牙足协主席，一直干到了现在，可见他非常有能力。维拉上台后做的第一件事就是确定新任国家队主帅，路易斯·苏亚雷斯的当选可谓是众望所归，一是因为他作为球员时，是西班牙迄今为止唯一一个夺得过金球奖的球员，也是1964年欧洲冠军队球员；二是苏亚雷斯率领西班牙青年队夺得过欧洲冠军，西班牙队的很多球员都和他有过师徒关系。另外，1990年世界杯在意大利举行，苏亚雷斯是国际米兰最著名的球星，他在意大利仍有很大影响力，西班牙队世界杯前在意大利集训一个月是免费的，都是拜苏亚雷斯的影响力所赐。另两位热门人选是克莱门特和路易斯·阿拉贡内斯，这两人以后还会重装登场，这里先不多说。总之，最后路易斯·苏亚雷斯几乎没什么悬念当选了西班牙国家队主帅。

西班牙队在预选赛中与爱尔兰队、北爱尔兰队、匈牙利队和马耳他队分到一组。这个小组没什么难度，西班牙队只输了一场，是对战爱尔兰队，另有一场以2比2打平匈牙利队，最后以小组第一出线。在客场以0比1输给爱尔兰队的那场比赛中，是米歇尔打进的乌龙球，这似乎也暗示这位皇马和西班牙队双料核心球员的悲剧命运。球队另外一位核心球员是上届世界杯一场比赛打进4球的布特拉格诺，卡马乔退出国家队后，苏亚雷斯立刻把队长袖标给了这位只有25岁的年轻人，苏亚雷斯将赌注压在了布特拉格诺身上。不过，有句话说得好，"凡是你开始赌，你就已经输了。"

先说一下当时的比赛环境，当时正是皇马五鹰时代达到巅峰的时候，皇马当年夺得了联赛5连冠，1989—1990赛季创造了西甲进球纪录，打进了107球，直到后来C罗和穆里尼奥的皇马才打破了这个纪录。与在国内成绩斐然相比，皇马在欧冠赛场上却一直差一口气，当年的皇马势要夺得欧洲冠军杯第7冠，但始终拿不下来，尤其是在1988—1989赛季欧冠半决赛中，皇马客场以0比5输给AC米兰，球迷们已经认识到五鹰皇马不可能夺得欧冠冠军，五鹰危机已经出现。1990年的国王杯决赛中，克鲁伊夫的巴萨以2比0战胜皇马，让这种危机再次显现。

无论如何，皇马五鹰这次全部来到了世界杯，除了现皇马技术总监帕尔德萨是替补外，桑奇斯、米歇尔、布特拉格诺和马丁·巴斯克斯都是主力，虽说这里面队长是布特拉格诺，但实际拿主意、最有影响力的是米歇尔。

成也米歇尔，败也米歇尔

西班牙队与乌拉圭队、韩国队和比利时队分在一组。首战对乌拉圭队，西班牙队0比0战平对手，踢得相当差，最后时刻鲁本·索萨罚丢了一粒点球，才放了西班牙队一马。赛后有传闻说，米歇尔给主帅苏亚雷斯施加压力，要求他放弃马竞前锋马诺洛而使用巴萨中锋萨利纳斯。这条传闻很难证实是不是真的，反正本是主力的马诺洛再也没上过场。其实没有必要多计较这则阴谋论，因为苏亚雷斯的决定从足球上看是可以理解的，当时的布特拉格诺已经没有了速度，也没有了4年前门前的嗅觉，而马诺洛和他的特点接近，也是靠速度和门前嗅觉吃饭的，也就是说马诺洛帮不上布特拉格诺的忙了，布特拉格诺身前需要站一个中锋帮他吸引住火力，即便是在皇马，布特拉格诺也是躲在乌戈·桑切斯后面才踢得舒服，所以苏亚雷斯选用了大个子中锋萨利纳斯，为的是解放布特拉格诺。

米歇尔作为球队核心本就在第一场比赛中表现不好，意大利媒体称其为"黄金退休干部，26岁就退休了"，此外米歇尔还惹上这种传闻，成为媒体批评的焦点，米歇尔因此很愤怒。第二场对韩国队的比赛，西班牙队以3比1大胜，米歇尔完成了帽子戏法，这个帽子戏法和布特拉格诺在上届世界杯对丹麦队比赛中上演的大四喜被认为是皇马五鹰对西班牙队的最大贡献。米歇尔这3粒进球各个精彩，按照玩过足球经理人的说法，这叫红箭头朝上的状态，第一个进球是接传中后在面前有防守队员防守的情况下，直接凌空抽射球门远角的死角得分；第二个进球是还了韩国队一个任意球直挂球门死角；最后一个进球最为精彩，米歇尔在禁区内盘过2人，用左脚打球门远角得分。打进最后一个球后，米歇尔高喊："这是我应得的。"作为对媒体批评的回报。最后一场小组赛上，面对在上届世界杯点球大战中淘汰过西班牙队的比利时队，西班牙队踢得不错，以2比1战胜对手，其中米歇尔打进一粒点球。

西班牙队以小组第一出线，气势高涨。1/8决赛上西班牙队对战南斯拉夫队，但当时的南斯拉夫队已经不是那个和西班牙队对阵的老对手，南斯拉夫队已没有实力和西班牙队对攻，只能死守。在这种情况下，西班牙队需要一名优秀前锋，但可惜布特拉格诺不是，布特拉格诺有一次头球击中门柱，此外毫无灵感，近在咫尺的补射都打偏了，最后被提前换下。皇马五鹰中表现最好的是马丁·巴斯克斯，米歇尔和他联手帮助萨利纳斯打进扳平球。但是最后倒霉的还是米歇尔，德拉甘·斯托伊科维奇的任意球得分是绕过了米歇尔的头顶，准确地说是米歇尔本能地低下头让球飞过了人墙，所以媒体和球迷们把西班牙队被淘汰的账算在了米歇尔头上。其实，门将苏比萨雷塔从来都不是防任意球的高手，本届杯赛西班牙队一共丢了4球，其中有3球都是直接任意球打进的。赛后有球迷问米歇尔："你觉得是球打在脸上疼呢，还是被灌了一球更疼？"米歇尔很平和地回答说："肯定是后者，前者的疼痛过会就不疼了，但后者却很难找回来。"

豪赌布特拉格诺失败

媒体把西班牙队被淘汰的账都算在米歇尔头上并不合适，这只是因为米歇尔太有个性，所谓树大招风，所以他大起大落，从媒体刻画的阴谋家变成西班牙的国家英雄，最后又变成了罪人。他打进帽子戏法后怒吼"这是我应得的"，还有曾经说过的那句"我等不了到30岁再夺世界杯"都刻画出了其性格的倔强，悲剧的是他没能把这种性格刻入球队的比赛和风格中。

导致西班牙队这次失败的最大罪人应该是主帅苏亚雷斯和他挑选的队长布特拉格诺。布特拉格诺的脚下技术一般，身体素质也一般，他的进球和匪夷所思的突破完全要靠灵感，这也导致他的职业生涯表现非常不稳定。这次杯赛布特拉格诺并没有灵感，整个杯赛最闪亮的一次表现就是在对比利时队的比赛中给萨利纳斯传了脚直传球，萨利纳斯被放倒判罚点球，米歇尔罚进。媒体评价布特拉格诺踢得不像前锋也不像中场，始终搞不清楚他在球队是什么定位，另有队员在被淘汰后说："我们要有一个乌戈·桑切斯或者克林斯曼就好了。"只不过，布特拉格诺从小出身于富裕家庭，有教养，性格好，不像米歇尔那样爱惹事，就算米歇尔阴谋施压苏亚雷斯其实也是为了布特拉格诺好。

谁都知道布特拉格诺发挥不稳定，但苏亚雷斯还是将赌注压在布特拉格诺身上，这就是他的错了，他在大赛前反复强调不能过于依赖某一名球员，但他没能做到。苏亚雷斯的另一个弱点是他易紧张，他自己都承认自己的弱点，但是无法摆脱，在巨大的压力下，他犯了很多错误，包括最后一场不断抗议被罚出场，球员们都说苏亚雷斯过分紧张了。此外，苏亚雷斯与媒体的关系也不好，一次训练中他嫌记者们距离场地太近，要求丈量摄影记者距离场地的距离。还有一次，苏亚雷斯公开抱怨足协主席维拉总是不和他说话，他感到很孤独，其实维拉这么做是怕影响他，给他完全自主权。

如果说此前皇马无法染指欧冠已经让人们发现皇马五鹰的水平被高估、布特拉格诺名不副实（意大利媒体说："布特拉格诺如果拿出他名声1/3的实力早就淘汰南斯拉夫队了。"），那么世界杯上苏亚雷斯豪赌皇马五鹰、豪赌布特拉格诺得到的恶果更是证明了皇马五鹰时代的终结。看到西班牙队被莫名淘汰，刚上任的足协主席维拉气得在更衣室里以拳砸门，尽管他与苏亚雷斯在世界杯前续约，但更新球队的苗头已经出现，西班牙需要一支更能打硬仗、在国际赛场站住脚而不是只能窝里横的球队。

十一、克莱门特时代

　　糟糕的世界杯过后，路易斯·苏亚雷斯受到了猛烈批评，但他还是获得了第二次机会，带领球队征战1992年瑞典欧洲杯预选赛。西班牙队在预选赛中与法国队、捷克斯洛伐克队、阿尔巴尼亚队和冰岛队分在一组。西班牙队在客场输给捷克斯洛伐克队和法国队，球队的出线希望已经很渺茫，而且士气涣散，在接下来的两场友谊赛中，西班牙队在主场输给了匈牙利队和罗马尼亚队，足协主席维拉不得不炒掉了路易斯·苏亚雷斯。苏亚雷斯是个敏感、爱紧张的人，与人相处得并不好，世界杯时指责过足协主席维拉，后来因为任命自己的好友库巴拉为西班牙国奥队助手而得罪了西班牙U21主帅佩雷达，两人在巴黎公开互相指责。作为球队助理教练（那个时代只要是U21教练就是国家队助理教练），佩雷达威胁苏亚雷斯不会和其坐在一起，要去观众席上看比赛，西班牙足协认为这事太丢人了，紧急把佩雷达召回了国内，以免他坐在观众席上的照片被放在报纸头版。

苏亚雷斯被解职后，足协主席维拉说："我们不能在这种工作条件下工作。具体哪种？苏亚雷斯得罪了媒体，得罪了同行，还找我们的麻烦。"一句话，苏亚雷斯当年的境况已经到了众叛亲离的地步。维拉想让阿拉贡内斯当球队的主帅，因为当时阿拉贡内斯的确是西班牙国内最好的教练，但他遇到的麻烦是西班牙人俱乐部出尔反尔不放人。维拉有备选方案，米埃拉、伊鲁埃塔、克莱门特等人都在列。最终，维拉选了米埃拉——米格尔·穆尼奥斯当年的助手，执掌国家队。

西班牙队当时需要更新换代，这在意大利世界杯上已经很明显了，但苏亚雷斯拒绝进行革命，按理说见过穆尼奥斯搞过大清洗开除了华尼托等人的米埃拉应该也有这种手段，但他还是顶住压力坚持不更新球队。没有最差，只有更差，米埃拉上任第一战西班牙队就客场以0比2输给了由业余球员组成的冰岛队。媒体早已经要求更新换代，但米埃拉还是迟迟下不了决断。在塞维利亚主场对战法国队，西班牙队又1比2输了，此前塞维利亚是西班牙队的圣地，西班牙队从未在这里输过球，这支西班牙队又创造了纪录。最后一场比赛西班牙队主场2比1战胜了捷克斯洛伐克队，这是米埃拉出任国家队主帅后的第一场胜利，但当时西班牙队已经没有任何出线的可能。西班牙队作为预选赛小组种子队却没有晋级欧洲杯，这是西班牙队连续7次闯入大赛后首次没有进入大赛决赛阶段，也是至今为止西班牙队最后一次没有闯进大赛决赛。

铁帅克莱门特废五鹰

无奈之下，维拉最终选择了以铁腕治军闻名的克莱门特执掌这支已经衰败不堪的西班牙队。维拉也为米埃拉妥善安排了新工作，那就是1992年在西班牙本土巴塞罗那举办的奥运会上执教主队西班牙国奥队。比起挑战美国世界杯，这个工作当然差点，但毕竟是众人关注的本土奥运会，米埃拉最终率领那支由瓜迪奥拉、恩里克、基科、卡尼萨雷斯等人组成的西班牙队，历史上第一次夺得了奥运会冠军，那也是迄今为止唯一的一次。西班牙国家队曾经的老帅库巴拉则是米埃拉的助手。

回到克莱门特的话题，他在当时也是位奇帅，在1982—

1983赛季率领毕尔巴鄂夺得联赛冠军，1983—1984赛季夺得联赛和杯赛双冠王，此后来到西班牙人队带领球队夺得联赛季军，创造俱乐部历史，还带领球队在联盟杯中淘汰AC米兰和国际米兰打入决赛。另外，克莱门特是个有个性的教练，球员再大牌，他都要压住，离开毕尔巴鄂竞技足球俱乐部就是因为他让队内最大牌的前锋萨拉维亚单独训练。

克莱门特虽然是带着结束皇马五鹰时代的使命来到国家队的，但他并没有一上来就宣布不再招入五鹰中的任何一鹰。1994年美国世界杯预选赛中，西班牙队和立陶宛队、拉脱维亚队、阿尔巴尼亚队、爱尔兰队、北爱尔兰队以及丹麦队分在一组。预选赛开始阶段，除了首战"鱼腩"阿尔巴尼亚队，西班牙队以3比0获胜外，接下来与拉脱维亚队、北爱尔兰队和爱尔兰队的3战全部以0比0战平。克莱门特不能再等了，从此以后，米歇尔和布特拉格诺再没有进过西班牙队，马丁·巴斯克斯比他的两位哥们多踢了一场，从此五鹰再也没有出现在西班牙队中。

西班牙队的皇马五鹰时代结束了，这是早已经在世界杯中就为人所共知的。当时的背景情况是，巴萨的"梦之队"取代了皇马的五鹰，皇马五鹰最后一次带领皇马夺冠是在1990年，此后巴萨在西甲联赛取得4连冠，并在1992年夺得了欧洲冠军杯冠军，可以说西班牙队用巴萨班底取代皇马班底是再正常不过的事。

米歇尔不愿意接受这个事实，相比来说，好脾气的布特拉格诺更能接受这一事实。马德里媒体开始对克莱门特群起攻之，掀起了号召米歇尔重返国家队的运动，如果换做今天在推特（Twitter）和脸书（Facebook）上就是万人签名抗议活动。克莱门特虽然秉承铁腕治军，但远没有米格尔·穆尼奥斯公开骂华尼托那么绝，他从没指责过布特拉格诺和米歇尔，直到美国世界杯前，他都还在说米歇尔一直在他的考虑范围内。

米歇尔是非常有性格的人，你要是不接受他，不承认他，他就要和你斗到底，2002年米歇尔在《马卡》报上撰写专栏，批评克莱门特，言语非常毒辣，米歇尔是记仇的。克莱门特直到2006年回忆当时为什么不招布特拉格诺和米歇尔时才多少吐露了些真言："当时的那支国家队需要打防守反击，布特拉格诺是一个活在禁区里抢点的球员，我们当时提供不了让他发挥的条件。米歇尔我是一直希望他能在球队发挥作用的，但我需要的是一个能战斗、敢拼抢、敢伸腿的球员，而米歇尔是一个只能打顺风球的球员。布特拉格诺能接受我的想法，相反，米歇尔一直不能很好地接受这一点。"

克莱门特拙用 "梦之队"

西班牙队在1994年美国世界杯预选赛的征途并不平坦，因为西班牙队遭遇的丹麦队是新科欧洲冠军，队内有舒梅切尔和大小劳德鲁普等强人，直到最后一轮西班牙队主场以1比0战胜丹麦队，西班牙队才惊险出线。这场比赛中，门将苏比萨雷塔在第11分钟就被罚下了，在第15分钟巴萨边锋戈伊科切亚又受伤了，替补门将卡尼萨雷斯带领全队在少2人的情况下利用耶罗的一记头球攻门，拿下了英雄般的世界杯入场券。

克莱门特非常喜欢当时的巴塞罗那队的球员，而不是巴塞罗那队和克鲁伊夫的执教风格，克莱门特经常和克鲁伊夫有口头上的冲突。克莱门特和当时巴萨的主席努涅斯关系很好，巴萨队内很多巴斯克籍的球员都是努涅斯在克鲁伊夫来之前受了克莱门特的指点买下的，后来克莱门特一直在巴萨的邻居西班牙人队执教，只恨克鲁伊夫太成功无法取而代之。直到这届世界杯前，巴萨在最后一轮惊险夺冠，克莱门特反复说拉科鲁尼亚足球俱乐部应该夺冠，惹得巴萨中卫科曼问道："既然克莱门特那么喜欢拉科鲁尼亚，那为什么不招8名拉科鲁尼亚球员去打世界杯？"

事实是，克莱门特在22人名单中带了9名巴萨球员：门将苏比萨雷塔；左右边后卫塞尔吉、费雷尔；中卫纳达尔；后腰瓜迪奥拉；前卫巴克罗；前锋萨利纳斯，贝吉里斯坦（目前曼城的体育总监，前巴萨的体育总监），安多尼·戈伊科切亚（也是巴斯克人，但和"毕尔巴鄂屠夫"戈伊科切亚没有任何关系）。

克莱门特没有掌握更新换代理念的本质，那就是不能光换人，比赛的踢法和足球的哲学也要换。克莱门特是个非常保守的教练，换个现在大家容易理解的方式讲就是，用瓜迪奥拉手下的球员踢穆里尼奥的足球。不过这也不能全怪克莱门特，因为那个时代就是保守足球的时代，1990年意大利世界杯决赛上德国队凭借一个颇具争议性的点球，由布雷默将球罚进，战胜了马拉多纳率领的阿根廷队；1994年世界杯上巴西队和意大利队以0比0打平，巴西队最后凭借点球大战获胜，1994年世界杯也被认为是世界杯历史上最保守的一届世界杯。

从赛前克莱门特对这次世界杯的预测就可以知道他的想法，"这将是一届给田径运动员们准备的世界杯，没有人会打短传，所有球队都只打一个前锋，其他人在后面。短传会在中场杀死你，会在致命区域丢球，不值得冒这个风险，要丢球最好在锋线上丢，把球大脚开给萨利纳斯就好了。"在克莱门特手下，瓜迪奥拉这样会组织进攻、会传球的球员是不吃香的，因为克莱门特把后腰的位置都留给了中卫，主力前腰甚至是皇马的中卫耶罗。

西班牙队第一场比赛对韩国队，最后6分钟，韩国队连扳2球，2比2打平西班牙队。美国的天气炎热是西班牙队失败的一个原因，因为后面德国队和韩国队比赛也是体能不支，但西班牙队暴露出的更主要的问题是全是中后卫的中场和后防线让西班牙队出球困难。第二场比赛至关重要，西班牙队对战德国队，克莱门特让瓜迪奥拉出场，在瓜迪奥拉的短传组织下，球队运行良好，德国人无法封堵住瓜迪奥拉的出球，西班牙队以1比1战平德国队。赛后德国队主帅福格茨说："西班牙队的中场布置让我吃了一惊，我们可能是在中场的争夺中吃了亏。"的确是让人吃惊，因为克莱门特早说了不喜欢中场短传。小组赛最后一场，瓜迪奥拉显得有些体能不支被提前换下，这也是现拜仁主帅在1994年世界杯上的最后一场比赛。

1/8决赛克莱门特不再犹豫，瓜迪奥拉和格雷罗这样的技术型球员都没机会出场，克莱门特排出了被媒体讥讽为"9后卫加1前锋"的阵型：左右边后卫是塞尔吉和费雷尔；中卫是卡马拉萨和阿韦拉多；双后腰其实也是两中卫在打，他们是阿尔科塔和纳达尔（现在世界男子网坛名将纳达尔的叔叔）；前腰是耶罗；三前锋是巴克罗、路易斯·恩里克和戈伊科切亚。其实这

么说有侮辱克莱门特的意味，毕竟耶罗在皇马也是打中场，巴
尔达诺将他变为中卫也是在世界杯之后；恩里克也是世界杯后
巴尔达诺入主才打的边后卫，此前他在皇马都是打前锋、前腰
和中锋；戈伊科切亚的确在克鲁伊夫手下打过边后卫，但主要
位置还是前锋。总之，这支首发球队里只有巴克罗在职业生涯
中没有打过后卫，克莱门特反正从来也不在乎别人说他保守。

又是意大利队，又是1/4决赛魔咒

西班牙队以3比0轻取瑞士队，克莱门特的理论似乎被证明
有理，下一场1/4决赛对意大利队更要如法炮制。整场比赛西班
牙队表现不错，意大利队先是迪诺·巴乔利用反击打进一粒远
射，西班牙队的卡米内罗同样利用反击扳平比分。两队的最大
差距是在锋线上，下半时看到意大利队处于下风，克莱门特换
上了萨利纳斯准备拿下比赛，但萨利纳斯浪费了全场西班牙队
唯一一个单刀球机会，他的射门被帕柳卡用脚挡出，而巴乔却
在比赛第87分钟把握住了机会，晃过苏比萨雷塔，小角度射门
打进单刀球。萨利纳斯的单刀不进和1978年世界杯上卡德尼奥
萨的空门不进都被当成了西班牙队哀怨自己命运坎坷的例证。

实际上大可不必，萨利纳斯本来就不是和巴乔一个级别的

前锋。萨利纳斯在巴塞罗那都是替补，克鲁伊夫几度劝他尽早离开，但他就是不走，1994年世界杯后终于被清洗出巴萨。从阵容上看，当时要打防守反击的西班牙队缺乏一个世界级的射手。从另一方面看，只能说克莱门特是个死脑筋或者是后知后觉者（直到现在克莱门特也不承认巴萨的足球哲学），没有发现当时的足球已经出现了新潮流、新趋势，那就是克鲁伊夫在巴萨创立的控球短传型打法，发挥西班牙球员传球能力强的特点控制比赛。而克莱门特拒绝克鲁伊夫的思想，坚持和其他球队拼身体、拼防守、拼反击，从而浪费了在1992年奥运会（西班牙队夺冠）上诞生的一批球员的天赋，比如说中场控制大师瓜迪奥拉、没有被招入球队的阿莫尔、皇马的米歇尔等。很多年以后，同样是国家队主帅的阿拉贡内斯不但运用了里杰卡尔德执教巴塞罗那期间的球员，也运用了克鲁伊夫开创的传控足球体系，这才帮西班牙队夺得欧洲杯冠军，奠定了之后夺得世界杯的基础。

谈到那场对意大利队的1/4决赛，还有个轶事，那就是在补时阶段，戈伊科切亚传中，为了阻止恩里克在禁区内抢点，意大利队左后卫塔索蒂给了恩里克一肘，打断恩里克鼻梁，恩里克流鼻血不止的画面也成为那场比赛的一个进入历史的特写。西班牙足协主席维拉当时没说话，但前主席波尔塔正在国际足联裁判委员会当主席，在他的坚持提议下，裁判委员会根据电视慢镜头对塔索蒂处以了禁赛8场的处罚。当时塔索蒂已经34岁，这次处罚宣告了他国家队生涯的结束。赛后塔索蒂说："当时我只知道我用了胳膊挡住恩里克，因为他马上就要抢到位置，我不知道我是用肘打到了他。"波尔塔则说："如果裁判看到，这应该判点球。我们虽然无法改变比赛的结果，但对于在无球状态下故意伤人的人应该做出判罚。"这也是国际足联历史上第一次根据赛后电视慢镜进行赛后追加处罚。无论如何，两队再次结下了梁子。

西班牙队并非如克莱门特赛后所说控制了全场比赛，只是运气不好没能晋级，应该说赛后意大利队主帅萨基的话更公正一些，两队都有可能赢得比赛。西班牙队论球员实力特别是中场，的确有竞争冠军的实力，但也是众多可竞争冠军的球队之一，因为美国世界杯上本就没有哪支球队实力特别突出。很多年后，克莱门特认为当时的那支西班牙队可以战胜目前的世界冠军西班牙队，不过，这多属于他挑衅的说话风格，目前这支西班牙队的确比其他球队高一个档次。

1/4决赛这个魔咒再次挡住了西班牙队，意大利队这个魔咒再次挡住了西班牙队，直到14年后，西班牙队才同时打破这两个魔咒，夺得了欧洲杯冠军，开始了统治国际足坛的西班牙时代。

克莱门特大战媒体

1994年美国世界杯上西班牙队壮烈出局，特别是还有判罚争议，比如恩里克鼻子被打断，对手没有被罚下，也没有判点球，一般这种情况会受到西班牙国内球迷谅解甚至鼓励的。克莱门特接着带西班牙队打1996年英格兰欧洲杯，预选赛小组赛中，西班牙队和卫冕冠军丹麦队、比利时队、亚美尼亚队、塞浦路斯队和马其顿队分到一组，结果西班牙队以不败战绩出线，共得到26分，是那届预选赛中积分最高的球队。西班牙队也凭借稳定的表现成为一支夺冠热门球队。

1996年欧洲杯小组赛中，西班牙队和打进世界杯半决赛的保加利亚队、罗马尼亚队和法国队分在一组。开局不利似乎是这支西班牙队的老毛病，开始的2场比赛，西班牙队分别与保加利亚队和法国队以1比1战平，且都是对手先进球，西班牙队扳平。这种表现让媒体对克莱门特的批评声音越来越大，因为克莱门特又搞在美国世界杯上的那老一套，尽量多上后卫，不但是5后卫开局，经常还要一名中卫纳达尔或者奥特罗去打后腰。瓜迪奥拉这届比赛不用为自己出不了场沮丧了，他压根就没去，开赛前巴萨中场核心坦陈自己的伤势未愈，克莱门特还赞誉了瓜迪奥拉诚实。瓜迪奥拉就是这样，他争取和所有人都搞好关系，即便是道不同不相为谋的克莱门特。

西班牙的各支俱乐部都以技术见长，颇为喜欢踢攻势足球，但一换到国家队比赛，克莱门特就告诉大家要拼抢、要防守、要等待对手犯错误从而取得进球，这是谁都受不了的，所以媒体与克莱门特之间的关系不好有其必然原因。然而也有一些克莱门特可以避免的原因，那就是当时克莱门特正在挑战西班牙最大的媒体集团普里萨集团，准确地说，克莱门特与该集团的战争一直没有结束一直持续到了现在，大有克莱门特不死，该集团绝不偃旗息鼓之势。

最后一场比赛，保加利亚队如果和法国队打成2比2平，那西班牙队无论对罗马尼亚队的战况如何也会出局，就像2012年欧洲杯西班牙队没有做掉最后的决赛对手意大利队一样，法国队也没有做掉西班牙队。足球大国之间谁都不愿意得罪谁，尽管赛前西班牙队也做了工作，足协主席维拉要求欧足联发出警告不要打默契球。最后法国队战胜了，西班牙队也由阿莫尔在比赛尾声绝杀完成晋级。

赛后，克莱门特结束新闻发布会后看到塞尔电台的记者赫苏斯·加列戈正在采访进球功臣阿莫尔，他便开始大骂这名记者，并且打掉了该记者手持的采访麦克风。当时该记者一手拿麦克风一手拿着电话，一开始只能和克莱门特对骂，打掉麦克风后两人干脆打在一起，最后被球场保安拉开。克莱门特还警告阿莫尔不许接受这家媒体的采访。

塞尔电台就是普里萨集团下属的王牌媒体之一，该集团还有西班牙最具影响力的日报《国家报》、体育类报纸《阿斯》报，还有最有影响力之一的公共频道电视4台，它拥有西班牙最大的几乎是唯一的收费电视网络Canal+，也是西甲联赛转播权的拥有者。克莱门特可以说是穆里尼奥之前普里萨集团的头号公敌。很多年后，穆里尼奥也是被这家集团赶出皇马的，《国家报》记者迭戈·托雷斯天天写皇马更衣室秘闻，描绘出一个不被队员信任、渺小而卑鄙的穆里尼奥形象，以至于皇马主席弗洛伦蒂诺都要在告别穆里尼奥的新闻发布会上"盛赞"迭戈·托雷斯"想象力丰富，更适合写小说"。有人把穆里尼奥比作克莱门特，克莱门特自己说比不了，因为穆里尼奥手上有皇马，家底厚，而他手上只有国家队，根本没法和这家媒体集团比拼。

克莱门特与普里萨集团交恶，是从1994年美国世界杯开始的，当时该媒体集团为米歇尔撑腰力荐他进国家队，最后米歇尔还是没能进入西班牙国家队。于是，普里萨集团让米歇尔成为了塞尔电台的世界杯评论员。该集团颇有大哥风范，谁和他们的敌人作战牺牲了他们就养谁，绝对不会亏待那人，在毕尔巴鄂队和克莱门特闹矛盾的前西班牙国家队前锋萨拉维亚现在仍在该集团任评论员。

克莱门特不接受塞尔电台采访，但接受塞尔的最大竞争对手科佩电台的采访，尤其是和其王牌主持人何塞·马里亚·加西亚关系最好，塞尔电台王牌主持人何塞·拉蒙在他最后一次采访克莱门特的节目中不得不掐断电话线，因为克莱门特对着电话另一头的何塞·拉蒙骂道："你的节目根本就没人听，和加西亚的节目比起来一文不值。"克莱门特直到现在还在嫉妒博斯克的国家队媒体环境好，不像他那个年代，但他不知道博斯克做了多少工作付出了多少心血，举个例子来说，2012年欧洲杯第一场比赛对意大利队，西班牙队表现不好，博斯克一晚上没睡好觉，为了平息媒体的批评，他马不停蹄在第二天就接受了西班牙三大电台的采访。博斯克不惜体力，用尽心思和媒体周旋，还能做到一碗水端平，哪个媒体都不得罪，这是克莱门特能做到的吗？

再回到当时，一个国家队主帅和记者大打出手，怎么说都是不对的，你再怎么委屈也不能干这样出格的事。所以之后克莱门特公开表示道歉，说自己压力太大，一下子爆发出来。他的媒体朋友加西亚也站出来鼓励他继续干，当然首先是让克莱门特在他的节目中大骂了普里萨集团一顿之后。

话说克莱门特从西班牙队主帅位置卸任后一直很难在西甲找到大球队带，只能带带中下游球队，成绩平平，到最后只能去带非洲的喀麦隆队和利比亚队。克莱门特后来说道："我之前遇到过一个西甲球队的主席，他说想请我，但惹不起普里萨集团，不敢请我。"在2008年的时候，克莱门特还说："马诺洛·拉马（塞尔的一名评论员）出车祸的时候，他要是死了我本该鼓掌庆祝，但我不希望他死，我希望他活着。"

克莱门特在与普里萨集团的战斗中真可谓是一个人在战斗，他骂遍了该集团所有与足球有关的机构，还不忘骂该集团主席——他的巴斯克老乡加比隆多，克莱门特说如果要论输赢，他早就赢了普里萨集团一千次了。克莱门特说的有道理，因为他又赢了。

东道主黑你没商量

这不是东道主第一次黑人，也绝不是最后一次，更不是西班牙队被东道主最后一次黑，更黑的还在后面。

西班牙队小组出线后遭遇东道主英格兰队，谁都不想在大赛中遭遇东道主，除非你是巴西队、德国队这样朝中根基硬，硬到东道主都不敢黑你的强队。西班牙队就像在1994年世界杯上一样，在关键的淘汰赛一扫小组赛的低迷，展现出了极高的水平。英格兰人喜欢打直线球，重视身体对抗和体能，而这正是克莱门特组织的这支西班牙队的特点，西班牙队就算是后卫出身的球员传球能力都不比英格兰的中场差，西班牙人的小技术在这场关键比赛中体现得淋漓尽致，但裁判并不站在西班牙队这一边，他取消掉了萨利纳斯一个并不越位的进球，阿方索在禁区内制造点球还被判为假摔。0比0到终场，最后比赛只能由点球决胜负，两位中卫耶罗和纳达尔没有罚进点球，西班牙队被淘汰，再次被1/4决赛厄运挡住。赛后克莱门特说道："我们要和对方11人作战，还要和3名裁判作战，没有人能赢这样的比赛。我们不应该输，甚至不应该有点球大战，裁判取消了我们一个好球，还有一记点球没有判。"

这种在场上占优势但最后输球，特别还有裁判因素在内，会使球队变得特别具有英雄色彩而显得悲壮，西班牙队返回马德里时，仍有3000球迷在机场迎接球队，他们前来是鼓励英雄们归来的，尽管这算不上凯旋。西班牙媒体同球迷一样为球队唱起了赞歌，抨击裁判黑掉了西班牙队，可以说在这一时刻克莱门特的确战胜了与他作对的媒体，谁在这种时刻再骂克莱门特，把失败归结在他身上，就是没有民族气节。就这样，西班牙队虽然没有取得突破，又一次让人失望，但克莱门特却再次过了这个门槛，他在小组赛同法国队比赛前就签订了续约2年的合约，他的下一个任务是1998年法国世界杯。

克莱门特时代终于结束了

1998年法国世界杯预选赛，西班牙队保持了之前欧洲杯预选赛时的稳定状态，以一场未输的成绩提前一轮进入世界杯决赛圈。西班牙队在夺得欧洲杯前有个外号叫"友谊赛之王"或者"预选赛之王"，这是从克莱门特时代叫起来的，因为在克莱门特之前，球队在预选赛和友谊赛中还没有这么稳定。当时的西班牙队虽然还没有王者之气，但已经是一支相当恐怖的球队，预选赛阶段一直排在国际足联排行榜的第二、第三的位置。1998年1月法兰西大球场的揭幕战，法国队邀请邻居西班牙队参赛，结果西班牙队以0比1告负，齐达内打进唯一进球，自此西班牙队才结束了从1994年美国世界杯开始连续31场不败的纪录。中间在欧洲杯上西班牙队的确被英格兰队淘汰，但点球淘汰不作为告负的记录，在官方统计中只记录为平局，点球大战决胜负就相当于抽签决胜负。

来到法国世界杯，西班牙队同尼日利亚队、巴拉圭队和保加利亚队分在一组。首场比赛西班牙队对阵前中国国家队主帅米卢蒂诺维奇率领的尼日利亚队，克莱门特还是使用6后卫的布阵，其中耶罗和纳达尔打中场，前场4个人是恩里克、劳尔、基科和阿方索，不管位置怎么分，这4个人其实都是前锋，总之西班牙队就是一个6后卫加4前锋的阵容，不管谁客串扮演中场实际上都没有中场，比赛中西班牙队也就真的没有中场，因为中场被尼日利亚队控制，耶罗和纳达尔这样的大个头根本就弄不住奥科查、伊克佩巴、奥利塞赫这些灵活的尼日利亚中前场球员。不是西班牙队内没有中场，瓜迪奥拉虽然因伤没去世界杯，但阿莫尔在队内，巴萨五小虎之一的塞拉德斯也在队中。话说克莱门特虽然保守顽固但作为一名高水平教练他还是看得懂比赛是怎么回事的，开场10分钟他就让阿莫尔开始热身了，因为这样一支等着和尼日利亚队拼身体的球队却被非洲人的闪转挪移给晃闪了腰了。

但是，克莱门特一错再错，他第一个换人给了阿莫尔，但换下了右后卫费雷尔，让一辈子从没打过右后卫的伊万·坎波去打右后卫，苏比萨雷塔把右路传中扑进网内犯下致命错误，有很大原因是坎波在右路防不住对手的边路突破。直到最后换上塞拉德斯，西班牙队才算控制住了比赛，但奥利塞赫的一脚世界波还是让耶罗的漂亮任意球和劳尔的漂亮凌空抽射白费，西班牙队首战2比3输了。这是克莱门特执教西班牙队59场比赛中的第5场输球，而且是第一次有球队打进克莱门特的西班牙队3球。

世界杯就是这样残酷和严肃，你没赢下该赢的比赛，后面的事就不好说了，因为你不知道你将遇到什么样的球队。第二场西班牙队对巴拉圭队，巴拉圭队是一支防守最为出色的球队，而且形势对巴拉圭队有利，西班牙队必须要赢下后面两场比赛，而巴拉圭队逼平西班牙队出线主动权还掌握在自己手里。克莱门特终于让一位本来是中场的中场阿莫尔首发了，这对克莱门特来说已经很积极了，但还是不够，因为对手是一支防守极端规整的球队。面对对手的中场紧逼，西班牙队上半场主要是开大脚，下半场换上塞拉德斯后形势好多了，但这支西班牙队与现在的西班牙队不同，基本上没有短传渗透能力，开始拼命传中，但巴拉圭队由阿亚拉和卡马拉组成的中卫线根本就不怕，最终西班牙队与巴拉圭队0比0打平。

出线权已经不在西班牙队手里，西班牙队必须战胜保加利亚队，而且要指望尼日利亚队战胜巴拉圭队，西班牙队才能出线。西班牙队完成了任务，6比1大胜保加利亚队，但已经没用了，晚了，巴拉圭队战胜了尼日利亚队，西班牙队出局。老队长苏比萨雷塔也宣告退役，他成为当时代表西班牙队出场次数最多的门将。

法国世界杯也是西班牙队在5届世界杯内首次没有过第一轮小组赛（1982年西班牙世界杯使用两轮小组赛），西班牙队最终排名决赛圈第17名，这也是西班牙队参加世界杯决赛历史上最差的排名。克莱门特虽然在预选赛和友谊赛中基本处于无敌状态，但一到大赛就掉链子，这已经让他声誉尽失。他在美国世界杯、英格兰欧洲杯和法国世界杯带队打的11场比赛中，3胜6平2负，如果按照3分制积分算，西班牙队只拿到了33分中的15分，还不到一半。

西班牙队的表现不但媒体、球迷们有意见，要求克莱门特下课，连国家领导人西班牙首相阿斯纳尔都开始批评球队。

克莱门特这次大赛虽然没和记者动手，但紧张程度也差不多了，克莱门特天天说记者们找事，实际上他自己主动挑逗记者们的次数也不少。从西班牙队开始集训时，在没有任何记者提问的情况下，他就开始挑事说："别管我们叫失败者，先看看你们自己（指记者），西班牙的电台排名在全世界200名开外，纸制媒体排名在全世界500名开外。"然后，他开始给记者们分发T恤衫，上面写着："我们是失败者。"他一边发一边喊："我们是什么？我们是失败者，先生们。"

世界杯还没开始，克莱门特接着挑事说，有些记者把西班牙队的情报传递给尼日利亚队主帅米卢蒂诺维奇，并严禁球队接受记者采访，不公开训练。在对保加利亚队比赛前克莱门特说道："我会在国家队一直干到2004年，为了与记者们对着干。"西班牙足协主席维拉由于坚持让克莱门特继续带队，被媒体要求和克莱门特一起下课，维拉还是比克莱门特正常得多的，他公开提醒过克莱门特注意自己的态度，他说："克莱门特不是一位很会和外界打交道的主帅。这让他处于一种很不利的环境中，足协会尽力改变这种环境。"

这次没有裁判误判，也没有球队的英勇表现，克莱门特该下课了。1998年9月5日，2000年欧洲杯预选赛第一场比赛，西班牙队客场2比3输给弱旅塞浦路斯队，克莱门特终于下课。当时的一个非偶然性因素是，时任西班牙教育文化体育部部长埃斯佩兰萨在克莱门特下课前讲道："足协要有所作为。尽管一名部长是无法决定谁当国家队主帅的，但一名部长有权利感到深深的失望。西班牙队让西班牙人民感到失望。"如果一项运动能让一位部长和整个民族都感到深深失望，那只能说这是一项非常重要的运动。

总结克莱门特在西班牙队的全部时光，这是一段西班牙队逐渐变得具有角逐世界杯冠军和欧洲杯冠军能力的时光。不过，这并不意味着是克莱门特一人把西班牙队带到这种水平，而是因为西班牙迎来了体育繁荣的时代，西班牙足坛的繁荣创造了一批优秀的球员，出现了瓜迪奥拉、德拉佩纳、恩里克、劳尔、耶罗等高水平球员。克莱门特的问题是他始终是个活在自己时代的教练，他在20世纪80年代初凭借稳定的防守、优越的球员身体素质和凶狠的逼抢为毕尔巴鄂竞技队夺得了两次西甲联赛冠军，其中还有一次联赛杯赛双冠王，这种成功的经历让他自始至终坚持自己的足球哲学，而此后的西班牙出现了新浪潮，包括皇马的五鹰、克鲁伊夫的"梦之队"以及在1992年西班牙本土巴塞罗那奥运会夺冠的西班牙国奥队，都是依赖控球和中场球员的技术，但克莱门特无视足球发展的潮流，依旧活在自己的世界里，没有与时代共同进步。

克莱门特是一位铁腕主帅，很多被他带过的球员都说克莱门特老找媒体挑事实际上是把媒体的注意力吸引到自己身上，好让球员们获得安静。这肯定是克莱门特爱挑衅的一部分原因，但另一部分原因是他本身就是这样爱挑战、喜欢战胜别人的人，以至于到最后进入癫狂状态。

克莱门特时代终于结束了，西班牙队进入了卡马乔时代，我们的前任中国国家队主帅终于出场了。

十二、卡马乔时代

克莱门特下课后，西班牙足协开始选帅工作，但很困难，因为所有的大牌主帅都在俱乐部，可选人较少。足协又一次找到了阿拉贡内斯，但是没成，不是因为别的，而是阿拉贡内斯知道足协在找他的同时还在找资历尚浅的卡马乔，所以他拒绝了足协的提议。卡马乔那时刚刚结束了在皇马22天的主帅生涯，因为和皇马主席桑斯分歧很大，从签球员、卖球员到签自己的助手和体能教练都遇到困难，卡马乔认为这是皇马虐待自己，因为如果是外籍主帅，这些条件皇马早都答应了。在这样的情况下，卡马乔成为了西班牙队新主帅。

少帅卡马乔革新球队

卡马乔可谓是当时西班牙年轻有为的少帅，先后带领巴列卡诺队和西班牙人队升入西甲联赛，并且带领西班牙人队两次打进联盟杯。43岁的时候，卡马乔成为了西班牙队主帅。西班牙足协和卡马乔有言在先，卡马乔出任西班牙国家队主帅的任务除了继续争夺大赛冠军外，一要和媒体搞好关系，不要让足协天天挨骂；二要改变国家队球风，顺应历史潮流多使用脚下有技术的球员。另外一点，双方达成默契，那就是谁在大赛失败了谁下课，不事先续约，这是西班牙队自克莱门特时代后改变的风格，这种不成文的规定一直持续到今天。

卡马乔基本上完成了球队改造的任务，瓜迪奥拉再也不是克莱门特球队内可有可无的人物，而是变成了西班牙队男一号，贝莱隆、弗兰这样的技术型球员也都成为主力，克莱门特把中卫当后腰的时代一去不复返，阿韦拉多、纳达尔、耶罗都退回了后卫线。不但如此，西班牙队甚至出现了中场顶中卫的趋势，国家队新人埃尔格拉被招进队不是打他在俱乐部打的中场而是中卫。这是一支向传控足球、进攻足球过渡、挺进的球队。

卡马乔与媒体的关系很好，双方交流很多，卡马乔不但乐于接受媒体采访，而且主动给记者们"上课"，用先进的计算机软件展示球队战术套路。事实上，尽管卡马乔两次从皇马下课，但从来不缺乏媒体和球迷的支持。后来，卡马乔来到咱们中国国家队上任，也一直保持着与西班牙媒体的友好交流。2012年欧洲杯前西班牙队最后一场友谊赛是在塞维利亚与中国队打，当卡马乔一出现在新闻发布厅，各路摄影记者挤得满满的，笔者的同事马德兴看到此景时赞叹卡马乔在西班牙的影响力还是那么大。当卡马乔第一次在昆明亮相执教中国队时，笔者也去采访报道了这次集训，之前笔者对卡马乔的认识是这是一名情绪有些暴躁且并不斯文的球员式主帅，但后来这种印象改变了，笔者几次在场地外采访他，他都很耐心，丝毫没有拒绝厌烦的意思，很明显他很愿意和媒体交流，向大家说明、展示他的足球和思路。

西班牙队虽然在2000年欧洲杯预选赛首战输给了塞浦路斯队，但在2000年荷兰比利时欧洲杯预选赛上的出线之路没有太大难度，西班牙队豪取7连胜，其中包括很多大比分的胜利，有主场9比0大胜奥地利队、主场8比0胜塞浦路斯队。西班牙队8场比赛打进了42球，打破了欧洲杯预选赛的进球纪录，其中劳尔一个人在6场比赛里打进11球。西班牙队又成为所谓的预选赛之王了。

预选赛之王正赛脚软

改了更为积极的打法，换了不挑事的主帅，西班牙队重燃夺冠的希望来到比利时、荷兰，但首场比赛就遭到当头一棒，0比1输给小组第一个对手挪威队。挪威队全场一共就2次射门，一次是弗洛的头球顶在了横梁上，另一次就是伊弗森的进球，这个进球也很诡异，挪威队门将开后场任意球直接开到西班牙队禁区，西班牙门将莫利纳出击却用手也没争过伊弗森的头，就这样伊弗森背对着球门将皮球顶进。莫利纳又成了历史罪人，从此不但失去主力门将位置，以后再也没进过国家队。

将莫利纳定为历史罪人是西班牙队的传统，就像阿科纳达没有防住普拉蒂尼的任意球一样。门将是有失误，但全队发挥欠佳是主因。西班牙队遇到了一个新课题，就是平日在西甲踢得生龙活虎、在预选赛上威风八面的球员们在大赛里就不会踢球了，这主要以弗兰、贝莱隆、埃切贝里亚这些非皇马、巴萨的进攻型球员为主。

卡马乔不得不临阵改变阵容，次战对斯洛文尼亚队，门迭塔代替弗兰，阿方索代替大中锋乌尔赛斯，西班牙队虽然2比1

拿下斯洛文尼亚队，但球队踢得还是不好。此时出现了一个新话题，那就是马德里的媒体要求拿下西班牙队中场核心瓜迪奥拉，《阿斯》报的头版登出"瓜迪奥拉多余"。对此卡马乔说得很明确，别的位置的球员可以探讨，瓜迪奥拉肯定是主力，不容商量。卡马乔非常器重和信任瓜迪奥拉，瓜迪奥拉是球队的基石，尽管前两场比赛瓜迪奥拉表现得不好，但这很大一部分原因是受球队整体表现差所影响。劳尔是瓜迪奥拉的好哥们，他在接受塞尔电台采访时说道："1998年世界杯，我们没打好，都说是因为缺少瓜迪奥拉，现在瓜迪奥拉来了，怎么又说瓜迪奥拉多余了呢？在国家队，没有人是多余的。"

西班牙队小组赛第三个对手是老对手南斯拉夫队，本场比赛打得酣畅淋漓，南斯拉夫队3次领先，西班牙队3次扳平，最终凭借阿方索补时阶段的凌空抽射，西班牙队4比3拿下比赛。当时有一些国际媒体评论这场比赛为"史上最精彩比赛之一"。在这场比赛中，瓜迪奥拉被评为全场最佳球员，恢复了自己的信誉。但是这场比赛耶罗没有出场，因为他腹股沟有伤，此后耶罗再也没出过场。当时有传闻，赛后耶罗和卡马乔在更衣室发生争吵，主要是耶罗一个人对卡马乔发火，卡马乔没回话，耶罗不是为自己，而是为劳尔，因为劳尔一个赛季已经打了58场比赛，到欧洲杯时体能透支而且在集训的时候就有伤，卡马乔还坚持让劳尔打满全部比赛，这让耶罗不满意。实际上当时球队内最重要的三个队员就是瓜迪奥拉、劳尔和耶罗。

英勇晋级的西班牙队在1/4决赛中面对的是齐达内领衔的世界冠军法国队。当时的齐达内正在巅峰期，而且法国队没有了在1998年世界杯时主场作战的压力，挥洒自如。从实力对比上看，西班牙队的确比不上法国队，但西班牙队一直在抵抗，在比赛最后时刻都有机会扳平。

瓜迪奥拉又成为西班牙队的最佳球员，但球队还欠缺很多东西。为了让现在的球迷们更容易理解当时的情况，我们把那支球队和现在的巴萨或者西班牙队做对比。那时候瓜迪奥拉的位置就相当于现在布斯克茨的位置，负责中后场出球，而且他还要兼哈维的职责，因为西班牙队打双后腰而不是巴萨的单后腰，但球队光有中后场核心还少了一半，那就是球队在前场没有巴萨一样的核心梅西或者西班牙队的伊涅斯塔、哈维、席尔瓦这样能和瓜迪奥拉配合起来的球员，哈维在西班牙队打的是前腰。这就导致瓜迪奥拉可以在中后场将球传开倒出去，但前场无人接应。按理说，贝莱隆技术非常好可以打前腰，弗兰就相当于那个时代的伊涅斯塔，但两人都出现了大赛就脚软的毛病，这场对法国队的比赛1分钟都没打。

比赛的进程是齐达内任意球为法国队首开纪录，此后门迭塔利用点球扳平，但上半场最后时刻德约卡夫的劲射又让法国队领先了。法国队领先后就开始龟缩打反击，西班牙队的机会来了，比赛第90分钟，法国队门将巴特斯在禁区内扑到西班牙队中卫阿韦拉多，裁判科利纳吹罚点球，接着劳尔的悲剧命运就来了，他把点球踢飞了。当时的情况是，球队第一点球手耶罗因为身体状态不好没有出场，第二点球手门迭塔被换下，第三点球手就是劳尔了。另一名前锋阿方索曾申请主罚点球，但瓜迪奥拉告诉他不行，该劳尔罚。瓜迪奥拉在这点上是非常有原则的，所以拜仁的球迷们也就不要奇怪瓜迪奥拉不让罗本罚点球的事，他在球员时期已经是这样了更不用说教练时期了。

非常疲劳的劳尔将点球打飞了，成为了西班牙队又一个继卡德尼奥萨、阿科纳达、萨利纳斯、莫利纳之后的历史罪人。人们肯定要奇怪西班牙人怎么那么喜欢搞历史罪人这一套，从某种意义上讲这是一种牺牲一人，让整体逃避责任的方式。实际上劳尔当时的体能状态非常差，他在赛季中为皇马出场57次，为国家队出场5次，打了5823分钟比赛，而且欧洲杯集训时就是带着伤来的。劳尔在整个欧洲杯中只打入了1球，是对斯洛文尼亚队比赛的第一球。而且劳尔的点球记录很差，当赛季罚了6个点球罚丢3个，此前在欧青赛决赛中就罚丢过点球。比赛中有一幕可以证明劳尔当时已经累晕了头，当场边举起换人牌子显示换下7号的时候，劳尔就跑到场边，他可能认为自己真的应该被换下，他已经晕到不知道自己在国家队身披的是10号球衣而不是皇马的7号球衣，国家队7号是埃尔格拉。西班牙队的三大支柱是后防线的耶罗、中场的瓜迪奥拉和锋线的劳尔，三大支柱中两个都塌了，这支球队也真是走不远了。

西班牙队就这样回家了。卡马乔上任时就说过，如果大赛失败自己就下课，但卡马乔认为这次不算失败，因为西班牙队是被正在状态的世界冠军淘汰的。其实，这不完全是托辞，后来法国队夺冠也证明了卡马乔说的有道理。

这又是一次1/4决赛魔咒，那个年代西班牙队真的是只求能打一次半决赛。回国后，西班牙足协也没什么反思，反正是被世界冠军淘汰的没什么可说的。媒体做出了很多反思，很多也不明就里，说西甲外援太多自己球员承担不了责任，有的说赛季漫长球员不在状态，有的说卡马乔的确遇到了比较严重的问题，一些球员一到大赛就畏首畏尾。如果用一句话来总结这次比赛，那就是西班牙队的火候还不到，这批球员在俱乐部比赛中无法独领风骚，聚一起在欧洲杯还是无法独领风骚，不像现在的西班牙队，随便一个中场拿出去不论在英超、德甲，还是西甲，都是核心级人物，可以独当一面。

命硬的圣卡西

欧洲杯踢得不算差，卡马乔继续带队征战2002年韩日世界杯。在预选赛中，西班牙队继续着预选赛之王的本色，以8战6胜2平未负的成绩顺利出线，其中还在主场同法国队打了一场很涨士气的比赛，西班牙队以2比1战胜了世界杯和欧洲杯双料冠军法国队。

卡马乔在宣布最终名单时遇到两件事，从现在看来应该是一好一坏。好的是国家队主力门将卡尼萨雷斯诡异受伤，他本来已经进入前往世界杯的23人名单，但自己洗完澡后喷香水，香水瓶掉下，他想去用脚接，结果右脚韧带被砸折了，错过了世界杯。为什么说主力门将受伤是好事呢？因为一代名将卡西利亚斯可以登场了，他成为西班牙队主力门将，神奇的卡西利亚斯开启了其在西班牙队的一个时代，后面有他的精彩表现的介绍。坏事是瓜迪奥拉在布雷西亚受伤无缘世界杯，卡马乔只能招来目前看来的另一个传奇哈维，但哈维在这届世界杯中并无太多表现。

西班牙队又带着夺冠的期望来到了韩国，卡马乔的西班牙队还是没有改变风格，球队继续着重于进攻而不是防守。以现在的角度看，西班牙队这样的球队怎么可能打防守呢？但在那时候西班牙队还没有定下自己的风格，正像瓜迪奥拉在预选赛时说的一样："意大利队和巴西队这样的球队都有自己的传统风格，而我们一直缺少定性，球队风格都是按照主教练的喜好，这是我们不利的一面。我们还没有在自己的风格上盖个章。"

小组赛种子队西班牙队与斯洛文尼亚队、巴拉圭队和南非队分在一组。首战对斯洛文尼亚队，西班牙队以3比1拿下对手。虽然2002年世界杯西班牙队还是没能闯过1/4决赛厄运，但卡马乔带领的球队至少前进了一小步，那就是打破开局比赛不利的厄运，这是西班牙队52年以后第一次获得开门红，在之前西班牙队参加的8次世界杯比赛中，球队首场比赛的成绩是5负3平，最后一次首场比赛获胜还要追溯到1950年世界杯。

第二场西班牙队对阵上届世界杯0比0逼平自己的老冤家巴拉圭队。这支南美球队尤其是其队长奇拉维特很瞧不起西班牙队，他说："西班牙队最近从没有战胜过什么强队，只能战胜塞浦路斯队、安道尔队和以色列队这样的球队。比赛一开始，卡西利亚斯吓得发抖。"卡马乔还真把奇拉维特的心理战当真，回骂奇拉维特肥胖足有200千克重，其实奇拉维特只有100千克重。不过，奇拉维特的这套卡西利亚斯还真不受用，因为卡西利亚斯会"装傻"，卡西利亚斯说道："奇拉维特是非常有个性的人，每个人都有权利说自己想说的话。他是这个时代最伟大的门将之一，他证明门将不只能守门，还可以射门、罚任意球、罚点球。我想在赛后和他交换球衣。"最终，两人在赛后还真交换了球衣。

对巴拉圭队的比赛并不简单，因为开场10分钟，那时还是小将的普约尔就打进了一粒乌龙球，而西班牙队的锋线迟迟不能开花结果，卡马乔的调整起了奇效，他换上埃尔格拉解放了贝莱隆，用莫伦特斯换下特里斯坦，皇马前锋连进2球，最终耶罗也打进一球帮助西班牙队3比1战胜对手提前出线了。

第三场对南非队的比赛，卡马乔派上了除劳尔、卡西利亚斯和纳达尔外的全替补，西班牙队3比2战胜南非队。

球队1/8决赛的对手是爱尔兰队，对爱尔兰队的1/8决赛是一场让卡西利亚斯成名的比赛之一。要成为一名天神护体般的门将，除了天生的反应速度、不断的训练和比赛中的经验积累外，还要命硬，而卡西利亚斯就是个命很硬的门将。本来在那个赛季，卡西利亚斯已经在皇马被博斯克安在替补席上了，那时候的皇马主帅博斯克认为卡西利亚斯发挥不稳定，便用了老将塞萨尔，但塞萨尔在欧洲冠军杯决赛中受伤了，卡西利亚斯出场后至少挡出了勒沃库森3个必进球，成为皇马夺得第9座欧洲冠军杯的功臣。世界杯开始，卡西利亚斯本来要看着老资历的卡尼萨雷斯打过所有比赛而自己把板凳坐穿，卡尼萨雷斯又离奇受伤了。穆里尼奥觉得自己命也很硬，和卡西利亚斯斗，最终是自己被赶出皇马回到了切尔西，而卡西利亚斯留了下了，尽管也受了内伤，即被后来的安切洛蒂安排只能打杯赛不能打联赛。

回到对爱尔兰队的1/8决赛，卡马乔的调兵遣将出现一些问题，莫伦特斯先拔头筹后，卡马乔后来用阿尔贝尔达换下莫伦特斯试图加固中场，其实西班牙队的耶罗和埃尔格拉弄不住对方的坦克前锋奎因，更何况阿尔贝尔达还受伤了，让西班牙队在加时赛中以10人应战。卡西利亚斯在这场比赛中扑出了3个点球，正赛中扑出了哈特的点球，但在比赛最后一分钟没能扑出罗比·基恩的点球，这个点球就是因为耶罗拉扯奎因的球衣，这个判罚说实话有点奇怪。点球大战中，西班牙队的贝莱隆和胡安弗兰把球踢丢了，但卡西利亚斯扑出去2个，爱尔兰队还有一个点球射飞了，西班牙队点球大战以3比2的成绩晋级。卡西利亚斯也成为西班牙队在世界杯历史上第一个在点球大战中扑出点球的球员。从此，卡西利亚斯获得了圣徒的称号，西班牙人称之为"圣伊克尔（卡西利亚斯名字）"。

东道主拦路抢劫与FIFA内战

西班牙队成功晋级1/4决赛，但卡马乔却给出了一个出乎人们意料的表态，那就是卡马乔说更喜欢碰意大利队而不是东道主韩国队。事实证明，卡马乔的判断有理，因为西班牙队同葡萄牙队、意大利队一样都死在了东道主韩国队和裁判身上。

本场比赛中，裁判首先吹掉了埃尔格拉的一个合理的进球，加时赛时又吹掉了莫伦特斯的一个合法进球，最后时刻还吹掉了恩里克的一个单刀球。最终西班牙队在点球大战中不敌韩国队被淘汰，整场比赛表现非常出色的华金罚丢点球，西班牙队又一次绊倒在1/4决赛的厄运上。

比赛过去7年后，西班牙电视台采访了当时的埃及主裁甘杜尔并和他一起重看了争议判罚，甘杜尔说道："这场比赛的责任不在我，比赛中是有严重的错误，华金的传中没有出界，但边线裁判举旗了，我必须信任我的助理裁判，所以我吹哨了，是在莫伦特斯顶进球之前。华金给恩里克的传球，恩里克也没有越位，但也是助理裁判举旗了，我只能吹停比赛。至于埃尔格拉的进球，那是个犯规，我认为没错。我认为西班牙队和韩国队的比赛是我这辈子吹得最完美的比赛。赛后，西班牙队主帅和球员们都找我论理，我在维护我的助理裁判，他们都知道实际上是助理裁判的错误，不是我的错误，但赛后有媒体攻击我说我收了韩国人的汽车。"

7年过去了，卡马乔看完这段视频后说道："这脸皮有多厚才能说出这种话，就算那几次错误是边裁的错误，但埃尔格拉的进球可是他吹的。赛后我在场地中和他说话，是为了阻止球员们和他发生冲突，因为如果发生冲突国际足联之后肯定会有重罚。那届世界杯气氛一直很怪，此前葡萄牙队、意大利队就在和韩国队比赛时吃了裁判的亏，郑梦准当时要当韩国总统，每场比赛都会下到场地，根本没人管。我记得我们去适应场地训练的时候，一个大块头不让我们进场，管我们要证件，我们是西班牙队来这踢比赛的，要什么证件。"

笔者记得当年大家都说，历史不会记录意大利队和西班牙队吃了裁判的亏才会被韩国队淘汰，历史只会记录韩国队创造历史进入半决赛，但事实是历史不是这么记录的，因为历史要记录最真实的东西，而不是一个毫无说服力的比分，历史记录更加相信真相，更何况那个时代已经是互联网时代，也不是只有国际足联有权力撰写历史。现在翻各种资料都会看到记录韩国队对战意大利队和西班牙队时的裁判丑闻。裁判问题也成为那届世界杯的一大污点。

2002年世界杯出现如此大的裁判问题应该说和此前发生的

一件事有重大关系。当年国际足联主席选举都是世界杯前2天开始，布拉特1998年上台是因为前任大佬阿维兰热的钦点，说阿维兰热是大佬一点错也没有，因为他当主席从未有过对手，布拉特以为自己也没对手，继续这种传统，结果出现了大问题。世界杯开始前20多天，非足联主席哈亚图在欧足联主席约翰松的支持下向布拉特发起了猛烈进攻，他们还有内线，跟了布拉特14年的国际足联秘书长鲁菲宁反对布拉特，检举布拉特的腐败行为，国际足联中有11名执委弹劾布拉特，其中就包括国际足联副主席、韩日世界杯组委会主席郑梦准。不管说这是国际足联内战也好，政变也好，反正布拉特已经无法控制形势。

经过激烈的斗争，哈亚图还是不成气候，并不是所有欧洲、非洲和亚洲国家都支持哈亚图，南美、中北美及加勒比海等足联都是铁心支持布拉特的，最后布拉特高票连任国际足联主席。说布拉特无法完全控制形势，是因为他说话已经不完全管用了。人们老是说体育政治要分开，但郑梦准还要一把抓，他正在竞选韩国总统，世界杯政绩很重要，再说布拉特也不给他面子，世界杯前去了朝鲜拉票，那在这种情况下就把桌子掀了吧。

于是在世界杯1/4决赛这么重要的比赛中，在全世界亿万观众观看的比赛中，国际足联派了两名非洲裁判（包括吹掉莫伦特斯进球和恩里克越位的乌干达边裁）和一名特立尼达和多巴哥裁判，我们都知道非足联主席哈亚图和郑梦准是一伙的，而西班牙足协主席维拉显然是和布拉特穿一条裤子的，布拉特甚至现在都考虑把主席的位子传给维拉而不是普拉蒂尼。掀桌子撕破脸的结果就是黑你没商量。

布拉特在西班牙队被淘汰后说道："最近几场比赛，尤其是在对韩国队的比赛中，我看到的一些事使我不得不说，我不明白裁判委员会是怎么选的裁判和助理裁判。我早在这周一就说过，我们要在1/4决赛中选择最好的裁判，不要管裁判是哪里来的，我的话大家都明白，但就是没人执行。"最终的结果是，两场半决赛的裁判都从欧洲出，特别是德国队对韩国队的主裁是瑞士人迈耶，边裁是法国人和捷克人。韩国队最终也没有进入决赛。

西班牙足协主席维拉也在世界杯后辞去了裁判委员会委员的职务。西班牙队被韩国队这样淘汰，西班牙媒体哗然指责身为裁判委员会委员的维拉毫无作为，没有能力保护自己祖国的球队。维拉的确是没有能力，他当时在国际足联的脚跟还未站稳，一年前刚被提拔为副主席，再说他也不是裁判委员会主席，裁判委员会主席是个土耳其人。不过后来维拉还是当了很多年国际足联裁判委员会主席的，直到2013年辞去这一职务，维拉目前还是欧足联裁判委员会主席、欧足联和国际足联的副主席。

直到如今，西班牙人都把2002年世界杯当作是球队历史上第一次最有希望夺冠的时候。卡马乔回忆说："我记得施蒂利克（他的前皇马队友）当时在为德国队工作，他每场比赛都来看西班牙队比赛，看到我们被淘汰了，他们欢天喜地。我认为当时的那支西班牙队的确有实力夺冠，最少可以打进决赛，当时的德国队并不是处于一个很强大的时代。"

西班牙足协主席维拉回到西班牙第一时间得到噩耗，他从足协秘书长那得知卡马乔不干了。卡马乔在世界杯前口头上承诺过会续约，西班牙队被冤枉淘汰，没什么可指摘卡马乔的，全国球迷和媒体都站在卡马乔一边，但卡马乔提出不干了，这也是西班牙这么多年历史上第一个自己把足协炒了，而不是足协把他炒了的主帅。维拉很生气，说道："卡马乔离开让我很受伤，卡马乔和足协的关系很好，我们之间的关系甚至已经发展到个人关系很好。我接受卡马乔的决定，但我并不认同他的决定。"这一席话说得很到位，也让大家知道卡马乔离开完全是个人选择，而不是因为和足协关系不好。

卡马乔有自己的解释，相信瓜迪奥拉在2012年宣布离开巴萨时也是从当年恩师卡马乔那里得到不少灵感，卡马乔解释说："人生有很多个阶段，我作为国家队主帅的阶段结束了。我现在47岁，我每天都想工作，我等不到2004年葡萄牙欧洲杯或者2006年德国世界杯了。从自私的角度看，我留下是更好的选择，等着有人给我个大合同再走。我现在失业了。"

卡马乔的话说得很真诚，这也的确是他离开的真实原因。卡马乔从43岁开始带西班牙队，带到了47岁，作为一个教练，这个年纪正是年轻力壮的时候，带国家队其实是很无聊的，除了每两年让你激动一下，其他时间没什么事做，平时的友谊赛和预选赛可能一个月才打一两场，比如说西班牙队在2003年只有6场比赛要打。况且，卡马乔也证明了自己的能力，没什么可遗憾的，还是想带带俱乐部队。

卡马乔的决定在当时看来很前卫，但实际上在今天看是很正常的，一名教练在55岁之前基本上属于精力最旺盛的时段，比如穆里尼奥就说过，他想在职业生涯末期带葡萄牙队冲击大赛奖杯，但目前这个阶段他不愿意带，因为那是个快退休的教练的工作。从经济上讲，国家队主帅一般挣得比俱乐部主帅少得多，但也有英格兰足总聘请卡佩罗以及中国足协聘请卡马乔这种特例。原因很简单，一是足协一般来说没有欧洲那些大俱乐部有钱；二是国家队主帅一年就工作那么几天，凭什么挣那么多钱？在目前这个时代，国家队主帅更像是名帅们给自己职业生涯画上个黄金句号的职业，反正快退休了，钱也挣够了，该为国家和自己的历史地位做点事了。

　　与卡马乔一同离去的还有皇马的耶罗和巴萨的恩里克，这两位都是狠角色，其中耶罗在后面还会出场扮演至关重要的角色。与恩里克不同，耶罗不想当教练，而恩里克想走教练这条路。在前巴萨主席拉波尔塔在2003年战胜加斯帕特当选巴萨主席后搞了球队的清洗运动，恩里克也终于在第二年失业了。精力旺盛、斗志昂扬的恩里克跑了一段时间马拉松，终于还是回到足球世界，在瓜迪奥拉任巴萨主帅时，恩里克曾任B队教练，后来又去了罗马执教，目前在塞尔塔，他笃定自己是未来巴萨主帅的热门人员。

　　从现在的角度看，卡马乔是在西班牙足球风格进化的过程中起到关键作用的人物，他球风不保守，喜好进攻，这也是适合西班牙队的风格，西班牙队的成绩也进一步稳定。但是历史注定只能让卡马乔成为一个过渡人物，一是因为卡马乔本身并不是个欣赏传控足球风格的教练，他更喜欢打直传直接球；二是因为当时西班牙还没有涌现出这样一大批技术出众、懂得打传控足球的中场，在2002年世界杯上像华金和德佩德罗这样的边锋更为靓丽。瓜迪奥拉说西班牙队缺乏自己的风格，缺乏盖上那个戳，不过这个戳最终还不是卡马乔盖的，而是由后面出场的大师级人物盖的。

十三、赛斯是个过渡教练

　　卡马乔是个有性格的人，把西班牙队给撂了，但西班牙足协就为难了：世界杯结束，西甲就要开战，到哪找合适的主帅去。此时，所有有档次的教练都有合同在身。维拉最欣赏的还是阿拉贡内斯，但再一次错过了这位大神，马德里竞技俱乐部的主席希尔是没人敢得罪的狠角色，得知卡马乔下课后，他就把话说清楚了："别来烦我们，马竞和阿拉贡内斯有2年的合同，我们的合同里没有国家队召唤就终止合同的附加条款。足协也没给我打电话，我想他们是想省电话费。"另一位合适的替选人物伊鲁埃塔，刚刚和拉科鲁尼亚续约一年，伊鲁埃塔认为他还不到结束自己职业生涯去国家队上班的年纪。技术进攻流派的主帅维克托·费尔南德斯刚和皇家贝蒂斯足球俱乐部签下合约。贝尼特斯和巴伦西亚足球俱乐部的合同还有一年，另外贝尼特斯和穆里尼奥一样都不想这么早就去国家队上班。没有办法，维拉只能拿出应急方案，让国青队主帅赛斯直接升格为国家队主帅。

维拉其人与西班牙队不用克鲁伊夫

赛斯是维拉在毕尔巴鄂效力时的队友，但赛斯上任不能说是凭老队友的关系。在介绍赛斯之前，是时候介绍一下维拉这位已经登台许久的狠角色了。当拉波尔塔执政巴萨时，马德里媒体天天骂的"维拉阴谋"就是从这位足协主席说起的，说他偏向巴萨虐待皇马。

维拉在球员时代虽然算不上什么巨星，但也是个重要球员。他出自于毕尔巴鄂的莱萨马青训营，出道的时候是前锋，但毕尔巴鄂看他没什么天赋都没给他在一队亮相的机会就让他走人了，此后维拉周转于毕尔巴鄂当地的两个小俱乐部。在一场赛季前热身赛中，此时改踢边锋的维拉展现出很强的防守能力和敬业精神，结果又被毕尔巴鄂买了回去，回去以后他不是踢前锋而是改踢防守型中场，主要负责粘人，对方谁技术好他就去粘谁。凭借专注奉献和在场上不惜余力拼搏的精神，维拉成为了球队核心人物。后来，维拉因伤揭前退役专修法律，成为律师，此后当选为西班牙足协主席，如今任职国际足联副主席和法律委员会主席，为国际足联制定章程，与各国和各种机构磨合法律问题。

说句题外话，中国足协这么多年来都是外行人在领导中国足球，蔡振华当选足协主席后，路透社的标题是"乒乓球冠军当选足协主席"，这说明外国媒体对中国这一现象无法理解。之前的几任专职副主席不是从皮划艇中心调来的，就是从田径中心调来的，中国足协一直没有在足球人自己的管理下成长过，不懂足球规律的人领导足协让中国足球错误百出。这种现象在西班牙足坛是绝对不被允许的。可能有人会说布拉特也不是足球人，他进入国际足联前也没有踢过球、没有当过教练，但布拉特是过去那个年代的人，他的前任阿维兰热更没作过专业足球人，如今布拉特的接班人不管是普拉蒂尼还是维拉，都是专业足球人出身。

回到西班牙队，实际上，在选择应急替换卡马乔的人选时，有人给出了一个很大胆的建议，那就是用克鲁伊夫这位殿堂级的人物，但维拉以不考虑外国主帅为由拒绝了这一建议。

克鲁伊夫不是一般的外国教练，巴塞罗那就是克鲁伊夫的第二故乡，直到如今克鲁伊夫也不愿意住在"阴暗潮湿"的荷兰，而是住在巴塞罗那郊外的一个山谷小镇，据一位经纪人介绍，如今这支阿贾克斯队有什么重要问题需要开会，大家就来巴塞罗那找祖师爷开会，反正祖师爷一般不愿意动地方。大家可能疑惑这都什么时代了开会不可以开电话会议或者视频会议吗？这种想法是很不上道的，当年还是巴萨副主席的罗塞尔曾经打电话给克鲁伊夫咨询签下小罗的事，结果被克鲁伊夫骂了一顿，说："这么重要的事你应该来找我面谈，怎么能在电话里说！"这个事情是罗塞尔在自传里写的。

回到主题，克鲁伊夫与西班牙球员语言交流毫无问题，而且国家队的巴萨球员基本上都是他的徒子徒孙，克鲁伊夫被荷兰足协排挤，西班牙队如果选他当主帅应该是很好的决定。维拉不选克鲁伊夫有自己的原因，有一件两人球员时代的轶事还是要说一说的。

1973—1974赛季，西甲重新开放引进外援的政策。1962年西班牙队在智利世界杯的失败导致西班牙足协出台了一项很愚蠢的政策，那就是禁止引进外援，西班牙人当时认为就是引进外援太多了，才导致本土球员没有出头之日，后来1964年欧洲杯西班牙队在本土夺冠，似乎证明了此政策的英明。但是此后的1966年世界杯西班牙队表现很差，在1970年世界杯上都没出线，在皇马和巴萨的压力下，西班牙足协重新开放了引进外援的市场。1973年，刚率领阿贾克斯完成欧冠三连冠的克鲁伊夫来到了巴塞罗那。因为与阿贾克斯之间的扯皮，包括克鲁伊夫威胁退役等，克鲁伊夫10月底才到球队，他一到球队就帮助处于积分榜后半段的巴萨复苏，还在客场打了皇马一个5比0，并最终夺冠。

在克鲁伊夫光芒无比的这个赛季还发生了一件事，那就是巴萨客场打毕尔巴鄂的时候，克鲁伊夫和维拉相遇了。克鲁伊夫颐指气使，就像场上的主席，他指挥队友，向对手挑衅，经常还怒斥裁判，这可惹火了盯防他的维拉，维拉此前吃了克鲁伊夫一铲，更加生气，当两人在毕尔巴鄂禁区纠缠较劲时，维拉爆发了，给了克鲁伊夫当面一拳，打得"巴萨教父"直流鼻血。维拉打人后立刻扭头走下场，这张红牌是逃不掉的。必须要说，维拉也是个有个性之人。

有意思的是，维拉知道媒体会找他，就跟自己老爸打电话说不回家睡觉了，去女友那住3天，当时的西班牙人思想还很传统，老爸立刻呵斥了他，直到他说自己和女友分房睡，已经和岳父说好了，才了事。记者们围堵维拉家，还是他弟弟出门解释是克鲁伊夫先挑衅维拉的。最终维拉被禁赛4场，毕尔巴鄂主席埃基达祖把维拉叫到办公室告诉他处以10万比塞塔的罚款，当时维拉的年薪才75万，但埃基达祖还卖了个人情说："安赫尔（维拉名），希望你能理解，你的态度让俱乐部丧失信誉，罚款是少不了的。但你夏天要结婚，俱乐部决定送你个礼物，承包你的婚事作为补偿。"维拉反问道："用我的钱办婚礼，这算是什么礼物？"

谁能想到，维拉和克鲁伊夫这对当年场上的冤家后来成为西班牙足球发展中的重要人物，尤其是克鲁伊夫成为了如今西班牙足球传控打法的奠基人，而维拉则稳坐西班牙足协主席宝座，拿到了2个欧洲杯和一个世界杯。从某种意义上看，这是克鲁伊夫种树，维拉乘凉，维拉这个打人者还是占了被打者的便宜。

青年军教头赛斯

就这样，赋闲的克鲁伊夫，维拉不爱用，其他名帅都有合同，赛斯上任了。赛斯上任可不是光凭借他和维拉的队友之情，赛斯这个人很有意思，他是主抓青训工作的专家，来到国家队前一直都是毕尔巴鄂青训负责人，当青训负责人还有个附加使命，就是一队主帅下课后，他要救火上任带一队，克莱门特2次在毕尔巴鄂下课，都是赛斯出任救火队员紧急接班，但度过救火期后他因成绩不好又要下课，不过没关系，他还回青年队，不会失业。克莱门特还当国家队主帅的时候与自己的助手戈伊科切亚分手后，找到了赛斯。赛斯凭着这种超强的生存能力，在克莱门特下课后自己没有下课，接班负责西班牙各级青年队，并取得了卓越的成就，其中包括率领卡西利亚斯和哈维领军的西班牙U20夺得尼日利亚U20世界杯冠军，还夺得了悉尼奥运会银牌、欧青赛冠军。上任国家队主帅后，赛斯还带领托雷斯领军的西班牙U19青年队夺得了欧洲冠军，在赛斯带领西班牙青年队的那些年，各级球队只要参赛从没得过季军以下的名次。有这些成绩在，赛斯成为国家队主帅有一定道理。

但是赛斯与克莱门特、卡马乔不同，克莱门特和卡马乔是万众瞩目、摇滚明星般的主帅，赛斯就差得远了，没有俱乐部成绩加身，也没那么硬气，上任后他说道："足协和我说我目前是个过渡教练。我觉得球队是需要我的。另外足协告诉我，如果我不干了，那我还可以继续执教青年队，这让我更加高兴了。"这几句话基本反映了赛斯的性格，这是一个听话不会找事的老好人教练。与卡马乔、克莱门特、米格尔·穆尼奥斯和库巴拉相比，赛斯并不是什么狠角色，后来的事实也证明他的确不是，只是个过渡性教练。

　　西班牙队在2004年葡萄牙欧洲杯预选赛中就遇到了困难，丢掉了预选赛之王的美名。西班牙队主场输给了希腊队是赛斯时代球队第一次输球，也是2000年欧洲杯1/4决赛输给法国队后，西班牙队首次输球。此外，西班牙队还客场被乌克兰队逼平。这导致西班牙队要同挪威队打附加赛，西班牙队这次没有掉链子，两回合5比1大胜挪威队顺利出线。

　　赛斯一直在找变革西班牙队的方式，球队一直在使用文森特、华金、埃切贝里亚的边锋战术和使用贝莱隆走中路的战术中徘徊。西班牙队的锋线也出现争议，托雷斯这位赛斯在国家青年队就带过的前锋也首次进入了西班牙队。莫伦特斯当时已经转会摩纳哥，改踢前腰；劳尔的闪光程度在下降；托雷斯暂时还接不上班，带着各种疑问和平均年龄最年轻的西班牙队，赛斯来到了葡萄牙。

　　西班牙队小组赛与俄罗斯队、希腊队和葡萄牙队分在一组。和东道主分在一起是要命的，这也的确要了西班牙队的命，不过最后希腊队和葡萄牙队在决赛中会师，最终将在当年举办奥运会的希腊队夺冠。

　　小组第一战对俄罗斯队，西班牙队便显得没有创造力，因为赛斯用了巴拉哈和阿尔贝尔达这对巴伦西亚防守型双后腰，锋线上劳尔、莫伦特斯和埃切贝里亚也不在状态，直到换上阿隆索和贝莱隆，西班牙队才解决问题。很明显，赛斯选择了边锋战术，但最后解决问题还是靠中场传递，贝莱隆接到阿隆索传球打进制胜球，赛斯赛后自我检讨说要在下场比赛改变战术，西班牙队虽然赢球但球队状态不行，需要临时改变。

第二场对预选赛差点把西班牙队淘汰的希腊队，西班牙队非常清楚希腊队的稳固防守风格，赛斯还是没有变化，使用了原封不动的阵容，结果被希腊队1比1逼平。

西班牙队第三场比赛对东道主葡萄牙队，赛斯接受批评，让托雷斯、阿隆索和华金都首发了，但还是输了。这是一场有些诡异的比赛，东道主葡萄牙队因为首场输给了希腊队，必须获胜才能出线，而西班牙队只需打平甚至输球都有可能出线。坏就坏在这多种可能性上，这支年轻的西班牙队一开始就在等，而不是下定决心拿下这场比赛。因为最后一场比赛同时开始，俄罗斯队开场17分钟就2比0领先希腊队，按照这种局势西班牙队和葡萄牙队这对伊比利亚半岛兄弟可以携手出线，但形势很快出现变化，希腊队半场前扳回一球，这时西班牙队还能出线，但葡萄牙队在下半场由努诺·戈麦斯打进1球，西班牙队就被淘汰了，尽管此后赛斯换上了莫伦特斯和卢克两名前锋也没有用。

这届欧洲杯后，队长劳尔的位置已经不再稳固，他已经变得缺乏灵性，缺乏体能，但却是国家队唯一不可动摇的主力。这届欧洲杯失利再次让西班牙足球人找不到方向，因为无论俱乐部的成绩有多出色，国家队就是打不好，欧洲杯前巴拉哈、文森特、阿尔贝尔达等人所在的巴伦西亚刚刚夺得了欧洲联盟杯冠军，但这批球员一到国家队大赛就不会踢球了。足协本来准备让赛斯再干两年，但赛斯自己动摇了，他说："看到媒体和球迷们的那么多批评，有时候我想我可能错了。"足协的原则是别人可以骂你，但你自己不能怀疑自己，而赛斯不是卡马乔和克莱门特那么有个性的人，足协没办法只能换帅了。

十四、 阿拉贡内斯带来光明

　　赛斯下课后，西班牙历史上最重要的人物终于出场了，那就是之前咱们看到过的、从路易斯·苏亚雷斯时代就一直是国家队主帅热门人选的阿拉贡内斯。在这10多年内，每次西班牙队换帅，阿拉贡内斯都是热门人选，但每次都因为各种原因错过，有时是俱乐部不放人，有时是阿拉贡内斯嫌弃西班牙足协同时找别的教练（卡马乔）"不讲职业道德"，这句话还是卡马乔上任时候知道西班牙足协也在找阿拉贡内斯时给西班牙足协的评价。到这个时候，阿拉贡内斯已经不能再错过国家队主帅的机会了，因为他已经65岁了，如果是别人早就选择退休了，比如说里杰卡尔德51岁就宣布退休了，但阿拉贡内斯身体好，斗志昂扬，那时候他正在执教马洛卡队，他在自己的合同中附加了毁约条款，只要马竞或者国家队召唤他，他就可以自由与马洛卡队解约。

西班牙队转型的过渡期

阿拉贡内斯在2004年欧洲杯后出任西班牙国家队主帅，他对球队做出的改变应该说是小心翼翼的，阿拉贡内斯是个很稳重的人，尽管赛斯在欧洲杯中使用边锋战术并未获得成功，但那个时代是西班牙队的边锋时代，华金、文森特、雷耶斯和路易斯·加西亚都是世界一流水平的边锋，阿拉贡内斯继续着赛斯的老思路使用边锋。不过，阿拉贡内斯也有困扰，那就是有优秀的边锋必须要辅以优秀的中锋才能开花结果，否则只能是只开花不结果，而那时候莫伦特斯已经过了巅峰期，劳尔并非中锋，被指望接班劳尔的托雷斯是一名反击型中锋，有速度和爆发力，但头球抢点并非他的特长。

与此同时，西班牙队的表现并不让人信服，在2006年德国世界杯预选赛中，西班牙队又遭遇了老冤家南斯拉夫队，只是这次是与南斯拉夫分裂出的国家塞黑和波黑的球队打，西班牙队与这2支球队的4场比赛全部打平，最后西班牙队只能在附加赛中以两回合6比2完胜斯洛伐克队才闯进世界杯决赛圈。

不光是媒体，就是西班牙球迷也知道这支连预选赛之王都不是的西班牙队是不会在世界杯上有什么作为的。阿拉贡内斯自己也明白依靠边锋、中锋双后腰这种"古代战术"难成大业。正巧那一年出现了一件大事，那就是巴塞罗那队在巴黎夺得了历史上第二次欧洲冠军杯冠军，球队以控球传递称霸一方。阿拉贡内斯虽然老，但在足球世界里却是个先知先觉的人，他已经感到一个新的时代就要来临。于是在世界杯前的对埃及队的热身赛中，西班牙队首次一个边锋都没出场。与此同时，当时西班牙球员开始了出国踢球的高峰，在此之前门迭塔、何塞·马里、德拉佩纳等人也曾高调出国去意甲征战，但大都以失败告终，很难有当年路易斯·苏亚雷斯的成功经历，但随着哈维·阿隆索和法布雷加斯在英超的成功，阿拉贡内斯顺应潮流，将这批更适合打国际比赛的球员招入球队。

阿拉贡内斯做的另一件事就是招入了巴西后腰塞纳和阿根廷左后卫佩尼亚两位雇佣军入队，担当绝对主力，所以说博斯克现在招迭戈·科斯塔并非什么新闻。巴西队和阿根廷队尤其是巴西队对这种海外成功的球员并不感兴趣，如今出现迭戈·科斯塔的争议是因为科斯塔本赛季表现太过出色，而且科斯塔在友谊赛中为巴西队出场过，更主要因为科斯塔加盟的是西班牙队，是巴西队在世界杯上的头号对手，如果科斯塔帮助西班牙队在巴西本土战胜了巴西队夺冠，那巴西足协和国家队管理层包括斯科拉里都难辞其咎，脸都没地方搁。

最终世界杯名单中没有出现已经转会到利物浦的莫伦特斯，这标志着阿拉贡内斯彻底放弃了边锋中锋战术，因为当时的西班牙也找不出第二个高中锋，也许当时如果有略伦特，阿拉贡内斯可能还会坚持一下。尽管阿拉贡内斯招入了华金、雷耶斯和路易斯·加西亚三名边锋，但球队只带了劳尔、托雷斯和比利亚三名前锋（参加大赛的球队一般会招四名前锋甚至更多）。

阿拉贡内斯传

写到2006年世界杯了，我们也应该介绍一下阿拉贡内斯这位西班牙足球历史上的传奇人物了，只有了解了他的历史，了解了他是个什么样的人，才能理解他是怎么撑过来的，如何缔造了一支传奇的西班牙队，成为世界冠军、欧洲冠军之父。

阿拉贡内斯出生在1938年，那是西班牙内战的时代，是西班牙历史上最困难、最贫困的年代，也是一个家庭所有人每天不停工作都不一定能保证糊口的年代。阿拉贡内斯降生在马德里的奥尔塔莱萨，那里当时只是马德里周边的一个村庄，现在也不是什么富人区。阿拉贡内斯的父亲身材魁伟，所以当上了国王阿方索13世的持戟者，戟那么重要一直举着，没有魁伟的身材也是办不到的。与父亲一样，阿拉贡内斯也身材魁伟，尤其是脚特别大，后来他有了外号"大脚"。

阿拉贡内斯的另一个外号是"智者"，完整的说法是"奥尔塔莱萨智者"，这个外号是由他的兄弟马蒂亚斯给他起的，由于他兄弟老这么叫他，终于有一天他的父亲也开始这么叫他，从那时候起"智者"的外号伴随了阿拉贡内斯一生。不过，阿拉贡内斯自己很不喜欢这个外号，他总是说："马蒂亚斯才是智者，因为他总能找到办法解决生计问题，我自己从不是什么智者。"虽然阿拉贡内斯不同意这个外号，但他从小就表现得特别能够接受新事物，同学、朋友告诉他一件新鲜事、一个新想法，他总是回答："那我们明天试试。"

阿拉贡内斯的父亲伊波利托·阿拉贡内斯是一位很爱帮助别人的人，当时他有奥尔塔莱萨村唯一的卡车，一直在利用卡车帮助村里人，以至于他50岁死后，奥尔塔莱萨的主干道被命名为伊波利托·阿拉贡内斯大道。阿拉贡内斯继承了父亲的优点，父亲死后，他开始成为卡车司机，而且是无证驾驶，阿拉贡内斯的家成为邻里困难户的食堂，当时阿拉贡内斯家有一句话："所有要面包的人，都在这里的餐桌上有位置。"当时来阿拉贡内斯家吃饭的有40～50人。

工作让阿拉贡内斯辍学，但没有让他放弃踢球，首先发现他的是赫塔费俱乐部，此后皇马青训队将他招入麾下，但20世纪50年代至60年代的皇马正是巨星云集的时代，迪斯蒂法诺、普斯卡什等一批球员在队内，年轻人根本没机会。阿拉贡内斯离队辗转韦尔瓦等队，最后来到了贝蒂斯。

在一场贝蒂斯客场对皇马的比赛中，阿拉贡内斯踢得非常出色，当时的皇马总经理安东尼奥·卡尔德隆对主席伯纳乌大发雷霆，这也是他一辈子只有一次对这位皇马历史上最出色的主席发火，他当时喊道："伯纳乌这都是你干的好事，这么好的球员被赶出了皇马，都是因为你任命的技术总监萨米蒂尔，那个已经过了时的人，他把阿拉贡内斯赶出了皇马。"两人经过一番交流后，安东尼奥·卡尔德隆说道："伯纳乌主席，我向你道歉，你说得对，阿拉贡内斯在这个家再也没有位置了，他将永远成为皇马的对手、皇马的敌人。"

这真是一语中的，自己人变成对手往往更具敌意。就像阿拉贡内斯的爱徒之一埃托奥，喀麦隆人（指埃托奥）也是出自皇马青训但最后帮助巴萨登上巅峰，夺冠庆典时候他还不忘骂皇马"绿毛龟"。命运有的时候很有意思，阿拉贡内斯26岁从贝蒂斯转会马竞，成为马竞一个时代的最佳球员之一，最后以教练身份4次执教马竞，并多次战胜皇马。与之相反的是，劳尔本是马竞青训球员，但最终却成为了皇马的传奇前锋。而到最后，阿拉贡内斯这位从皇马青训出来的马竞人结束了劳尔这位从马竞出来的皇马传奇的国家队命运，这在后面还要详细讲述。

阿拉贡内斯作为球员在马竞长达10年的时间内，为球队夺得了3次联赛冠军和2次国王杯冠军，其中在1969—1970赛季还以16个进球成为西甲最佳射手。不要以为阿拉贡内斯是前锋，他实际上是右中场，他也是迄今为止西班牙进球最多的中场，在西甲赛场进球170个。1973—1974赛季，马竞打入欧洲冠军杯决赛遭遇贝肯鲍尔领军的拜仁，阿拉贡内斯在比赛中以任意球首开纪录，但之后被拜仁扳平，最终在重赛中，马竞0比4不敌拜仁。下一个赛季，马竞开掉了主帅洛伦索，主席卡尔德隆（现在马竞的球场就是以这位主席的名字命名，就像现在皇马的主场叫伯纳乌一样）询问自己在队中效力的女婿有没有球员可以当主帅，阿拉贡内斯就此从马竞球员变成马竞主帅，兄弟们对他的称呼也变成"您"。此后阿拉贡内斯前后4次带领马竞，夺得过1次联赛冠军和3次杯赛冠军。最神的是没有夺得过冠军杯的马竞在阿拉贡内斯的带领下在1974年夺得洲际杯（世俱杯的前身）冠军，那是因为欧洲冠军拜仁不愿意去独裁统治的阿根廷打比赛，马竞代替拜仁战胜了解放者杯冠军阿根廷的独立队。

球员们的父亲，永远不会背叛球员

阿拉贡内斯在2014年2月1日去世，被他带过的卡西利亚斯、哈维、埃托奥和托雷斯都以父亲甚至爷爷的称号来悼念阿拉贡内斯。阿拉贡内斯对球员们非常好，从来不曾背叛自己的球员。1987—1988赛季，阿拉贡内斯执教巴塞罗那队，当时的足球更加职业化、商业化，巴塞罗那出了一件大事，因为主席努涅斯不放球员们的形象权，全队除了3人外集体"造反"，召开新闻发布会要求主席努涅斯下台。按理说受雇于俱乐部的阿拉贡内斯应该站在俱乐部一边，但他却参加了"造反"会议并支持球员们对主席的弹劾。其结果可想而知，努涅斯连任俱乐部主席成功后开掉了13名球员和阿拉贡内斯。后来巴萨副主席加斯帕特回忆说："我当时要求他站在俱乐部一边，但他说我们还有国王杯决赛要打，站在俱乐部那边就意味着赢不下这场比赛。他实际上还是以大局为重，考虑俱乐部的利益。"最后，阿拉贡内斯的巴萨在决赛中战胜了风头正劲的皇家社会夺冠。

阿拉贡内斯手下缔造出来的、带过的好球员有很多，有大家都知道的埃托奥、马竞一个时代的偶像葡萄牙人富特雷、皇马第7届欧冠英雄米亚托维奇，还有哈维，是阿拉贡内斯把哈维锻造为西班牙队的核心。阿拉贡内斯带球员的风格是胡萝卜和大棒兼施。当球员出现问题时，他不会回避，总能以最直接的方式教训球员，但同时可以把球员的潜力完全开发出来。

阿拉贡内斯和埃托奥的故事耳熟能详。埃托奥离开皇马后来到马洛卡，2000年一场联赛上阿拉贡内斯将埃托奥换下，埃托奥显得很不爽给老帅脸色看，阿拉贡内斯冲到替补席座椅上揪起埃托奥的脖领子把喀麦隆人骂了一顿。埃托奥后来回忆说："这就像父亲和儿子之间的事，全解决了，没什么可操心的。我之后4场比赛坐板凳，马洛卡一直在输，但我回来后马洛卡变得不可阻挡，这是阿拉贡内斯给我上的一课。"有人问埃托奥，穆里尼奥和瓜迪奥拉两个人哪个是带过他的最好主帅，埃托奥立马打断提问说道："带过我最好的教练是阿拉贡内斯，没有阿拉贡内斯就没有我后来的腾飞。他当时跟巴萨技术总监贝吉里斯坦说，巴萨缺的就是埃托奥这样一个前锋，如果巴萨有了埃托奥一切就成了。"果然如此，埃托奥为巴萨夺得了2次冠军杯冠军和3次联赛冠军。

埃托奥和阿拉贡内斯还有另一个故事，一天埃托奥从巴黎买了一辆新法拉利，在马洛卡体育城玩车，带着球场边的孩子们兜风，正在这时，阿拉贡内斯从更衣室出来了，埃托奥喊道："爷爷，走，我带你兜一圈。"阿拉贡内斯把头从车窗外扎进驾驶室对埃托奥怒骂道："你知道你除了是个蠢货外，还是个傻帽。"埃托奥说："我就是想跟你行个好，你不用在这铁皮里犬吠吧。"

与埃托奥类似，阿拉贡内斯在执教巴伦西亚时将米亚托维奇从前腰位置改为前锋位置，让南斯拉夫人进球翻倍，并帮助巴伦西亚队夺得那个赛季的西甲联赛亚军。阿拉贡内斯提出要引进苏克，让米贾科维奇和苏克双剑合璧就能纵横西甲，但巴伦西亚却把米亚托维奇卖给了皇马，也没买苏克，让米亚托维奇和苏克在皇马双剑合璧夺得了历史第7座欧洲冠军杯。巴伦西亚给阿拉贡内斯买来了罗马里奥，但罗马里奥在巴萨时就有过逃跑回巴西的经历，他对阿拉贡内斯说："你可能是带过我的最好的主帅，但我还是要回巴西。"

阿拉贡内斯也是激励球员的天才，1992年在伯纳乌马竞对皇马的西班牙国王杯决赛前，他一早就把队中核心富特雷从床上揪起来说道："你知道耶罗那帮皇马球员怎么侮辱你的朋友和队友皮索的吗？"富特雷回答当然知道，那是一天早晨，在一个红绿灯前，一辆装有耶罗等3名皇马球员的汽车停在了皮索的汽车旁，皇马球员开始羞辱他说："皮索，你真是我们的偶像……"随后，阿拉贡内斯告诉富特雷今夜不准失误，一定要为皮索找回公道，最后比赛马竞以2比0获胜，富特雷打进一球，这也是2013年马竞在伯纳乌战胜皇马夺得国王杯前最后一次马竞在皇马主场获胜。

tiqui taca诞生

阿拉贡内斯的传记和故事先说到这，后边还会有很多他的事，毕竟西班牙队成功的历史基本上就是阿拉贡内斯的历史。

阿拉贡内斯在世界杯前琢磨明白一件事，这种思路完全改变了西班牙队的历史。他后来自己说道："我们是不可能在身体冲撞和拼速度这些方面战胜德国队、英格兰队和法国队的。德国队和英格兰队历来就喜欢拼速度，喜欢身体冲撞，法国队引进了很多移民，球队身体素质很好。但是我们有一个方面比他们好，那就是我们传球传得好，我们玩球玩得好。"

当时的大环境是边锋已经不再流行，西班牙涌现出一批优秀中场，阿拉贡内斯将哈维、卡索拉、大卫·席尔瓦、只有19岁的法布雷加斯以及在巴萨还不是主力的伊涅斯塔都收集到队中，准备开始一场战术革命。阿拉贡内斯在那个时候几乎不可能意识到他实行的战术革命会引领一个时代的潮流，如今连注重防守的意大利队都学习西班牙队的控球打法，连注重身体冲撞和速度的德国队也在学习西班牙队的控球打法。这种战术有个拟声词的名字叫做"tiqui taca"，就是"嘀唧，嗒咔"，这是用来形容在传球过程中的接球、传球声音的，这个词汇最早出现在克莱门特时代，是克莱门特用来讽刺传控足球软弱无力、不堪一击的，但最终控球打法却成为西班牙队最致命的武器。

2006年德国世界杯前，阿拉贡内斯等了2个人，一个是球队的核心哈维，他在年前的训练中拗断十字韧带，休战了6个月，另一个人是球队队长劳尔，劳尔此前受伤5个月，但一直保守治疗并未手术。这两个人真是一正一反左右了西班牙队的命运。

西班牙队与乌克兰队、突尼斯队和沙特队分在一组。首场对乌克兰队，西班牙队的阵容就耳目一新，除了两名中卫巴勃罗·伊瓦涅斯、拉莫斯和普约尔外，全队没有什么防守专家，中场的哈维、阿隆索和塞纳都是脚下球玩得很好的球员，锋线上也是年青一代的托雷斯和比利亚。法布雷加斯替补路易斯·加西亚出场，创造了代表西班牙队在世界杯出场的最年轻球员纪录。最终西班牙队凭借比利亚的梅开二度、阿隆索的首开纪录和托雷斯的锦上添花，以4比0大胜对手。

这场比赛是有划时代意义的比赛，尽管还没有划得那么清晰。当时另一位传控足球的大师级教练瓜迪奥拉还没有在巴萨上任，他是《国家报》专栏作家，他已经意识到新时代的来临，他撰文写道："相信克鲁伊夫先生看了这场比赛一定会高兴，相信皇马的五鹰米歇尔和马丁·巴斯克斯看了今天的球一定会高兴，因为我们是热爱球、热爱玩好球的先锋……今天要给阿拉贡内斯先生一个吻，一个拥抱，我虽然不认识他，但我敢这么做。因为我们要感谢他，感谢他相信，相信踢好球才是出路……没有人知道这一切将如何结束，但这是我们想要的开始。"很多人都说阿拉贡内斯借用了里杰卡尔德的巴萨理念，而瓜迪奥拉在2008年西班牙队夺得欧洲杯后上任巴萨主帅，又借鉴了阿拉贡内斯的传控理念。而笔者想说的是，这只能说是英雄所见略同，从这篇2006年瓜迪奥拉写的文章就可以看出，在那个时候，后来杰出的巴萨主帅已经有了非常坚定的控球理念，但他并不嫉妒阿拉贡内斯成为时代的先驱者，因为在巴西美丽足球已经绝种20多年后，有人敢于在世界杯中打出立足于传递的漂亮足球，只能让瓜迪奥拉有伯牙遇子期般的知音感觉。

很多主帅都有自己的特定风格，且很难改变。比如说瓜迪奥拉是控球派，他去拜仁执教，拜仁实际上是非常德国式的球队，有不败的精神，能拼，能抢，能跑，看上去与控球玩脚下技术并不沾边，但瓜迪奥拉还是把自己的控球哲学风格嫁接给了拜仁。又比如穆里尼奥，穆里尼奥无论是在波尔图、切尔西、国际米兰还是皇马都是打防守反击，其实皇马在弗洛伦蒂诺第一个巨星时代不是打反击的，皇马的历史与国际米兰不同，皇马历史上是一只进攻型球队，防守反击不是它的风格，但穆里尼奥还是把这种风格赋予了皇马。这样的例子还有很多，比如一提到卡佩罗就是防守反击等。要让一个教练改变自己的风格是很困难的，因为这意味他要进入一个陌生的领域，自己在这个领域没有成功的经验。

然而，阿拉贡内斯神奇的地方就在于他不是个墨守成规、陷入自己的风格中不能自拔的教练，他去每一支球队都会根据球队现有球员安排特定战术。阿拉贡内斯本来是个防守反击大师，这并不稀奇，因为马竞历史上就是一支防守反击球队，阿拉贡内斯对皇马、巴萨和马竞有这样的评价："巴萨历史上从来都是踢得最好的球队，皇马是赢得最多的球队，马竞是反击打得最好的球队。"这是一句总结了西班牙足球历史100年的金玉良言，你可能会问皇马踢得不是最好怎么能赢最多，是不是暗示裁判帮助？这太狭隘了，历史上很多踢得不好的球队远比踢得好的球队赢球多，最著名的例子就是1982年西班牙世界杯踢得最好的是被巴西人誉为历史最好巴西队的梦幻球队，但赢球的是意大利队。皇马的斗志、自信和拼搏意识是自迪斯蒂法诺时期就建立起来的，这是队魂，无人可剥夺，就像华尼托这样的斗士很能赢得皇马球迷的心一样。马竞自诞生起规模就无法与皇马、巴萨抗衡，但要夺冠，他们的最佳武器或者说唯一的武器就是防守反击，以小搏大。此外，阿拉贡内斯曾经带马洛卡打进过欧洲冠军杯，这都要感谢他对防守反击战术的运用。

最不容易的是，一位防守反击大师能在自己67岁的时候几乎完全放下伴随自己一生的成功战术体系，成为第一个将西班牙队带入短传控制足球的人。

不过，这场比赛也有个遗留问题，那就是队长劳尔没有首发。不光这场比赛，第二场对突尼斯的比赛中，劳尔也没首发，但劳尔下半时出场扳平了比分，进球后劳尔跑到替补席和所有替补拥抱，西班牙队出现了一个危机，那就是主力阵容和替补阵容决裂，也是劳尔一代老球员和新生代球员决裂。劳尔在世界杯之前的两个赛季状态可怜，分别在联赛中打进了9球和5球，在赛前要求不带劳尔进世界杯的呼声要比带劳尔进世界杯的呼声多，但阿拉贡内斯还是带劳尔去了世界杯，而劳尔的问题是他接受不了自己打替补。

在德国集训的时候，劳尔作为球队队长就总是干涉阿拉贡内斯的工作，一次巴伦西亚的阿尔贝尔达、比利亚和利物浦的雷纳在自由活动一天后迟到晚归，劳尔作为队长要求处罚3人，但阿拉贡内斯说，该处罚也是他自己处罚，轮不到劳尔，再说3人已经提前告知足协会在晚上12点半回来，实际上只比集中时间晚了半小时。劳尔在一次集体吃饭的时候端起盘子发火说："你们就想让我干这个吧（端盘子服务生），这就是你们让我来的目的。"很明显，这话是说给阿拉贡内斯和打主力的年青一代队友听的。

当时，替补球员尤其是老球员的情绪很大，尤以劳尔、卡尼萨雷斯和萨尔加多为主。阿拉贡内斯在训练中也训过卡尼萨雷斯，卡尼萨雷斯正在玩一个网球，并坚持说是体能教练告诉他为了热身用的，阿拉贡内斯跟他说："要玩网球去网球俱乐部玩。不想踢就回家。"

对突尼斯队的进球为劳尔争回了首发资格，尽管3比1中的后两个球是托雷斯进的。西班牙队两战全胜已经提前保证小组第一出线了，第三场比赛是替补狂欢节，所有替补包括劳尔首发登场，球队最终以中卫华尼托的一个进球帮助球队取得小组赛全胜。

西班牙队以大热的状态出线，面对小组赛艰难出线的法国队。阿拉贡内斯和法国人还有一段旧事，那就是阿拉贡内斯刚上任主帅时为了刺激边锋雷耶斯的斗志，对训练中的雷耶斯吼道："看着我的眼睛，告诉你那个××队友（亨利）的爸爸，你比他强得多。"这段在训练中的对话偏偏被媒体的麦克风采集到，这就出大事了，阿拉贡内斯被带上了种族歧视的帽子。在西方世界种族歧视是个很敏感的问题，中国人可能不太理解这个问题，因为我们虽然有56个民族，但肤色一样，这和西方世界完全不一样。西班牙政府甚至给足协施加压力，让足协解雇阿拉贡内斯，实际上阿拉贡内斯根本就不是什么种族歧视主义者，不然也不会带出高徒埃托奥。

当时，法国队相对于西班牙队是弱势球队，齐达内在世界杯前就宣布大赛结束后退役，法国队小组赛表现也不好，不想和西班牙队争夺比赛控制权，而是专心打反击，只派了亨利一个人当前锋。阿拉贡内斯有些轻敌了，他派出了一个在今天看来奇怪的阵容，为了让劳尔进入锋线，他派出了3个前锋，托雷斯、比利亚和劳尔全部首发。博斯克在2012年欧洲杯上上一个前锋都嫌多，因为会丧失控球率，可以想象那场比赛上3个前锋的困境。中场方面，哈维、阿隆索和年轻的法布雷加斯3人首发，防守阻断能力太差，可以说本是主力的塞纳牺牲掉了，为了成全劳尔的首发。

比赛中，西班牙队一直拥有控球权，巴勃罗·伊瓦涅斯还创造了点球，比利亚首开纪录。但是坏就坏在法布雷加斯太年轻，后面的比赛19岁的法布雷加斯在危险位置被断球两次，法国队打了2个反击，里贝里和齐达内各进一球，中间还有维埃拉利用任意球打进一球，年轻的西班牙队1比3输给了老到成熟的法国队。下半时，劳尔和比利亚都被换下。

如果把西班牙队失利的帽子都扣到劳尔身上并不公平，毕竟西班牙队的天才中场们包括法布雷加斯、伊涅斯塔和席尔瓦那时候太年轻，火候还不到。但赛后还是出现了不和谐音，老队员萨尔加多房间里传出了"拿下他们，奥耶，拿下他们，奥耶"的歌声。这个歌曲本来是用来鼓励西班牙队战胜对手的，但萨尔加多房间里在西班牙队被淘汰后传出这个歌是什么意思呢？

阿拉贡内斯曾在大赛前保证，如果西班牙队打不进半决赛就辞职，而这次连1/8决赛都没过，但阿拉贡内斯反悔了，他说道："你们要想说我错了，那我的确错了。但我的未来我做主，我不会成为我说过的话的奴隶。而且足协想要和我续约，他们对我的工作很高兴，这鼓励我与足协续约。"阿拉贡内斯食言和西班牙足协欣赏阿拉贡内斯是可以理解的，阿拉贡内斯为西班牙队找到了一条路，找到了光明，尽管球队还需要小的调整和一次大的手术，才能最终成事。

　　实际上，西班牙足协不只想和阿拉贡内斯续约，还想让他成为足协的技术总监，管理各级国家队，统一各级球队的风格和训练法。这是一种很先进的理念，实际上西班牙各支俱乐部早已经这样做了，其中最突出的便是巴塞罗那，克鲁伊夫将阿贾克斯的这套理念引进球队，要求各级球队都要有统一的风格，这样输送上来的新秀就能很快融入一队，为一队所用。瓜迪奥拉此前多次发表言论称西班牙队缺少印记和风格，就是这个意思。其实，中国足协在聘请卡马乔之初也有此意，还让卡马乔给青年队教练授课，但这个方式最终不了了之了。

　　西班牙足协认为阿拉贡内斯是技术总监的最合适人选，但阿拉贡内斯并没有立刻接受。实际上技术总监的设置有利有弊，阿拉贡内斯自己在各个俱乐部就不是很赞同这个职位的安排，因为如果技术总监和一队主帅不同心，那俱乐部就会出现两个声音，一队主帅的工作有掣肘。另外，这个位置的安排还有一个陷阱，那就是一旦阿拉贡内斯成绩不好需要下课，足协就可以把他安排在技术总监的位置上，这也不算足协毁约。巴塞罗那队老罗布森就这么干过。实际上，不管阿拉贡内斯接受不接受，他都会有麻烦，而最后还真是来了麻烦。

十五、阿拉贡内斯大战劳尔

　　尽管不受到球迷和媒体的支持，但阿拉贡内斯还是信心满满地开始了对2008年欧洲杯的冲击。预选赛上，西班牙队和丹麦队、瑞典队、冰岛队、北爱尔兰队、拉脱维亚队及列支敦士登队分在一起，谁能想到预选赛刚开始打，西班牙队就遇到了大问题。

　　首场对列支敦士登队，西班牙队主场4比0大胜，没有任何问题，问题出在第二场客场对北爱尔兰队的比赛，西班牙队在贝尔法斯特2比3告负，这是北爱尔兰队历史上第一次在自己的主场战胜西班牙队，甚至是第一次有进球。西班牙队输给弱旅北爱尔兰队引起轩然大波，舆论当时的意见是阿拉贡内斯领导的球队没有任何希望，如果说克莱门特在2000年输给塞浦路斯导致其下课，那么路易斯·阿拉贡内斯也应该在此时下课。但是阿拉贡内斯拒绝下课，而是给球队带来了一场革命：劳尔、卡尼萨雷斯和萨尔加多等7人没有进入下一场对瑞典队的名单，其中劳尔、卡尼萨雷斯和萨尔加多再也没有入选过西班牙队。从那天开始，一场关于劳尔和阿拉贡内斯的战争开始了。

劳尔的最后一杯啤酒

应该说世界杯上，尽管劳尔带领很多替补球员尤其是老球员出现反叛情绪，但阿拉贡内斯并没有把这当成特别严重的事，毕竟这是每支球队都会出现的问题，新生代球员要比赛机会，老球员则没那么轻易服输，况且老球员往往有资历，有媒体关系，不是可以被轻易推翻的。一般事情不闹大，没有必要到翻桌子的地步，大家能和谐相处自然度过新老交替期是最好的选择，但输给北爱尔兰队后，阿拉贡内斯忍无可忍，再忍下去就是他自己下课了，他对西班牙队的革命性改造只能浅尝辄止了。

一个广为流传的故事是在全队飞往贝尔法斯特前，过了凌晨12点，阿拉贡内斯在球队驻扎的巴拉哈斯酒店的咖啡厅内遇到了劳尔和萨尔加多，当时两人正在喝啤酒，阿拉贡内斯让两人回房间立刻休息，险些把喝酒的球员赶出国家队，而劳尔则以球队队长的身份向阿拉贡内斯提出给予球队更多休息时间的要求。阿拉贡内斯从来不承认他在酒店撞到劳尔喝酒，即便是很多年以后，劳尔已经离开皇马到卡塔尔联赛效力，阿拉贡内斯也卸任国家队主帅多年。

阿拉贡内斯无法否认的是，劳尔的确提出了要给球员们更多休息时间的事，因为这事不是只有他们两人知道，而是通过一名记者当中间人传递的。当时的《ABC》报记者奥尔特戈既是劳尔的朋友，也是阿拉贡内斯的朋友，两人都很信任他，劳尔给他发短信，让他转达给阿拉贡内斯说球队已经受不了阿拉贡内斯的一天两练，球队每天早上训练一次就够了，下午应该留给球员们聊聊天、看看电影，放松一下，而阿拉贡内斯很生气地回答道："告诉他，我们来这是工作的，不是放假的。"这事直到阿拉贡内斯去世后，奥尔特戈才公开承认。

因为输掉比赛，阿拉贡内斯从自己信任的记者朋友那里得到消息，劳尔率领的老队员已经对几个大媒体的意见领袖吹风坐等阿拉贡内斯下课。此时，阿拉贡内斯和劳尔之间的信任已经降到最低点，劳尔要求赛后乘班机立刻返回马德里家中休息，而阿拉贡内斯要求全队在酒店休息，第二天再各自返回自己的球队。就在这时，阿拉贡内斯和劳尔在酒店房间里进行了一次谈话，阿拉贡内斯当面讲明了很多事，外界形容两人发生争吵，但阿拉贡内斯很多年后只承认有一次对话，但不承认是争吵，他说："我和劳尔之间从来没有过争吵，那场对北爱尔兰队的比赛后，我们俩的确谈了一次，那次我说的比较多，劳尔说的比较少，但不是争吵。"

　　就在这场比赛过后的一个月后，也就是10月份，阿拉贡内斯新公布的名单里面没有劳尔、萨尔加多、卡尼萨雷斯、华金等7人，这被认为是国家队搞的一次清洗或者革命，虽然阿拉贡内斯自己当时并不承认，他只是说："这不是什么革命或者清洗。劳尔这次没有进入国家队，是因为我认为他目前的状态达不到国家队的要求，这次没有入选不代表以后不会入选，以后他会凭借自己的表现赢得在国家队的位置。"实际上，阿拉贡内斯当时的讲话并非完全是真话，因为后来在电视台接受球迷提问时，他曾说："球迷们对我们在对北爱尔兰队的比赛中的表现不满意，所以我们搞了一次大变化。"而赛后从更衣室里传出的消息是，阿拉贡内斯说了这么一句话："我今天晚上看清楚了谁在船上，谁不在。"

阿拉贡内斯与媒体的战争

变革并没有及时为西班牙队解决麻烦，这场在斯德哥尔摩客场对瑞典队的比赛，西班牙队又输了，球队0比2败北。预选赛踢了3场西班牙队已经输了2场，这是要出不了线的节奏，媒体向阿拉贡内斯发起了近乎侮辱般的攻击，四大体育报首当其冲：《世界体育》报头版标题是"滚蛋"；《每日体育》报则是"路易斯，现在就滚"；《阿斯》报是"教练破产"；《马卡》报则为"路易斯的黑名单里面竟然没有他自己"。

这是阿拉贡内斯最为艰难的时刻，他虽然还在坚持不辞职，但全社会已经开始不是批评而是侮辱他，有媒体把他叫做猴子来骂。阿拉贡内斯的家人也承受着巨大的压力，他有5个子女和11个孙子、外孙，童言无忌，但童言也往往更残酷，他的孙子们在小学里被同学耻笑、辱骂。阿拉贡内斯只能跟家人说，不要听外面那些话，那些都是谎言。

据阿拉贡内斯的儿子费尔南德斯回忆，一天夜里过了12点了，他发现老父亲一个人在客厅里开着电视哭泣，他过去和父亲聊天，那时候的阿拉贡内斯已经想要辞职了，但两人聊了15分钟后，阿拉贡内斯说了这样一句话："我们肯定是冠军。"然后反问他的儿子："你明天不用工作吗？再见。"只需要15分钟的时间，阿拉贡内斯就重新打起精神冲向欧洲杯。

tiqui taca的成人礼

此后西班牙队便一帆风顺，后面的9场比赛取得8胜1平的成绩，只在客场1比1被冰岛队逼平。其中在西班牙队客场3比1战胜丹麦队的比赛中，"tiqui taca"的风格首次被媒体认同并作为西班牙队的印记打在了球队的身上。那场比赛中，由于比利亚和托雷斯都有伤无法出战，阿拉贡内斯只上了一个前锋劳尔·塔穆多，同时让哈维、伊涅斯塔和法布雷加斯出场，阿尔贝尔达作为后腰也出场。比赛中塔穆多先进一球，第40分钟，西班牙队经过了28次传递后，由后卫拉莫斯将球打进，这个进球也被看成是"tiqui taca"风格的成人礼。

应该说当时的那支西班牙队是非常齐心协力的，比利亚、托雷斯这批球员本来就和劳尔的关系不好，劳尔是老金童，托雷斯是新金童，比利亚是西班牙队7号，是后来超过劳尔的西班牙队历史最佳射手。后来皇马想买比利亚，但因为劳尔的因素皇马始终无法下手购买比利亚。场上的球员团结在阿拉贡内斯身边是要为老帅出口气的，场下的替补球员由利物浦门将雷纳带领，雷纳出自巴萨后来又转会到利物浦，当时西班牙队有大量利物浦和巴萨球员，雷纳的话说得很清楚，国家队不分主力和替补，这是一支23人的球队，谁也别闹意见。就在这天晚上，更衣室传出来消息："路易斯不招劳尔，是因为劳尔挡住了年轻人成长的空间。"

劳尔和阿拉贡内斯的战争还没有结束，劳尔获得媒体的支持，劳尔也从不认输，他先后表示过："我是西班牙队的头号球迷"、"我绝不会拒绝国家队"等，总之，劳尔就是要挣扎着回国家队，但阿拉贡内斯就是不招劳尔。西班牙最著名的电台评球节目主持人何塞·拉蒙评价阿拉贡内斯是"自己的牺牲品"，还说西班牙足协选的这些教练从赛斯到阿拉贡内斯是"退休教练轮盘赌"。

在此期间，阿拉贡内斯和媒体起了很大的冲突。输给瑞典队的时候，阿拉贡内斯曾在新闻发布会上说："你们要杀我尽管杀，但别编谎话。"阿拉贡内斯在谈他和媒体的关系时曾说道："我会和记者们交流，但我不会和那些说假话的记者们交流。"在一次做客零点电台直播节目中，他和记者阿方索大吵了一架，阿方索坚持让阿拉贡内斯解释为什么不招劳尔入队，阿拉贡内斯指责阿方索大喊道："你是个懦夫、胆小鬼，你不敢说真话，我从没想到过你会这么懦弱。"

和记者们聊聊吧，你们知道他们才挣多少钱

阿拉贡内斯做人有他自己的原则，他不会和任何人联姻，特别是不会和任何强权联姻，简单地说就是阿拉贡内斯不站队。西班牙四大体育报纸没有一个支持阿拉贡内斯，阿拉贡内斯有自己信任的记者，但都是一些二线媒体的记者，说白了，一线媒体的战斗纪律严明，要骂谁不留活口，要反阿拉贡内斯，队伍中就不允许有一个记者说他好。

但是，阿拉贡内斯对记者们也是非常好的，最著名的例子就是在他执教巴伦西亚的时候，有段时间球员和记者们意见很大，球员们自己搞新闻封闭，不和记者们交流，阿拉贡内斯对球员们说："出去和那些孩子们（指记者）说话吧，你们知道他们每个月才挣多少钱吗？"著名电视台、电台评论员马诺洛·拉马回忆说："阿拉贡内斯是一个你要么和他相处很好，要么一点都受不了他的主帅。我和他相处得很好。我还记得当时2008年欧洲杯决赛时，我们直播方要在赛前做个节目，我们抱着试试看的心态请阿拉贡内斯出席，他从驻扎的酒店打出租车到了我们的直播间，距离很远。他还是个很照顾弱者的教练，当时阿尔卡拉（因制造巴塞罗那服用兴奋剂的假新闻）受到批评，

是阿拉贡内斯一直在激励他。"

赫尔辛基之战以及与劳尔的停战协议

尽管阿拉贡内斯以很人道的方式对待记者，但与媒体军团的大战不会结束。阿拉贡内斯不会离开国家队主帅位置，媒体要求劳尔必须回到国家队。一次比赛后，阿拉贡内斯耐不住性子问不断问劳尔问题的记者们："劳尔打了几次世界杯？3次。劳尔打进几次欧洲杯？2次。劳尔赢得了几个冠军？0次。"

2007年9月，西班牙足协终于任命了那个总管各级国家队的技术总监，但人选并不是阿拉贡内斯，而是皇马退役的老将耶罗，这是个很麻烦的事，因为耶罗是劳尔的哥们，曾经为了劳尔骂过卡马乔。刚上任的耶罗还不敢触碰阿拉贡内斯的国家队一队领地，但他还是能搞出一些名堂的。

就在西班牙队准备和芬兰队在赫尔辛基打一场友谊赛前，从西班牙足协走漏了一条消息，那就是足协准备为劳尔搞一场纪念赛，但国家队并不参与。阿拉贡内斯并不认为这是个好主意，因为这等于足协呼应媒体的要求和阿拉贡内斯对着干。就在赫尔辛基，一名记者听到了阿拉贡内斯和耶罗的一次户外对话，耶罗询问阿拉贡内斯为劳尔举办纪念赛的事，阿拉贡内斯说："我觉得不错，为了纪念一个球员。但现在不是时候，现在做这件事是为了什么积极意义吗？"耶罗没有问关于劳尔缺席国家队的事，但阿拉贡内斯明白耶罗的意思，对耶罗说道："你想知道为什么我不招劳尔吗？现在媒体搞宣传攻势，这都无所谓。我不招劳尔不是因为个人原因。大家都说华金永远不会在我任内踢球，但华金现在就在这里踢球。劳尔并不像他们说的踢得那么好。西班牙队现在需要有速度的球员，劳尔是西班牙最精的球员，但他已经没有速度了，所以我没有招他。"

尽管阿拉贡内斯不承认他和耶罗有这样一次对话，但他后来一直承认不招劳尔是因为劳尔缺乏速度，而比利亚和托雷斯都有速度。

赫尔辛基这事完了，劳尔的纪念赛也没有打，但关于劳尔要进西班牙队的事还没有完。西班牙队2008年2月份在马拉加要同法国队打一场热身赛，西班牙队乘坐高铁从马德里抵达马拉加，马拉加火车站现场有200多名孩子迎接球队，孩子们没干别的，整齐划一喊一个口号，那就是"劳尔进国家队，阿拉贡内斯滚蛋"。这事如果发生在马德里的一群皇马极端球迷身上也没什么，但这个口号出自200多个马拉加的孩子口里，就不正常了。阿拉贡内斯从学校老师口里得到消息，这件事是被策划的，火车站喊口号是事先教过的。这下阿拉贡内斯不干了，接近于掀桌子的地步，他要求西班牙足协把自己辞退。马上就要打欧洲杯了，西班牙队又踢得很顺，西班牙足协肯定不会辞掉阿拉贡内斯，西班牙足协表示支持阿拉贡内斯，强烈要求他留任。媒体也坐不住了，有一些媒体报道，这次事件是劳尔搞的阴谋。

在此期间还发生过一件事，那就是卡西利亚斯换经纪人的事。卡西利亚斯换经纪人有多方面的原因，其中一个原因是与劳尔和阿拉贡内斯的战争有关。卡西利亚斯是球队不可或缺的门将，是劳尔离开球队后皇马在国家队的代表人物，也是阿拉贡内斯最信任的两名球员之一，但卡西利亚斯之前的经纪人也就是劳尔的经纪人吉内斯·卡瓦哈尔，要求卡西利亚斯公开支持劳尔，这被卡西利亚斯拒绝，卡西利亚斯还直接换了西班牙著名F1车手阿隆索的经纪人，彻底与足球界绝缘。卡西利亚斯一直管阿拉贡内斯叫爸爸、爷爷，他们之间的感情是真感情，不会受利益破坏。

眼看火直接要烧到劳尔身上了，劳尔一方要求和谈，卡瓦哈尔主动联系阿拉贡内斯，两人在2月底共同在西班牙足协举行了新闻发布会，也算是个停战协议签约仪式。劳尔的发言有几点，一是所有外界的传言都是假的，马拉加的事件不是他搞的，"我希望大家停止揣测是我的人支持我、要我回国家队。"二是他和阿拉贡内斯过去多次谈过，两人之间有意见相同的地方，也有不同的地方，但这都是过去的事了，大家要向前看，他并没有放弃进入国家队的希望。

阿拉贡内斯的发言也很有原则，他首先说他和劳尔的关系一直都很好，劳尔对他说了，不管在不在国家队都会支持球队，希望记者们也能遵循劳尔的话帮助球队；二是阿拉贡内斯相信马拉加的事是有人策划的，但不想继续争论；三是他和劳尔之间没有任何许诺，劳尔和其他很多球员一样都有去不了欧洲杯的可能，"有的人说世界杯时候劳尔不愿意当替补，劳尔当替补，西班牙都分裂了，我们要结束这件事。"最后，阿拉贡内斯说了句名言，这句话很俗、不好听，但话糙理不糙很有分量："我和劳尔在任何时候都没到脱裤子的地步，这是为了西班牙足球好。劳尔和我说有的人想说出一些事，但我在任何时候都不会脱裤子，就像我上飞机过安检的时候一样，把我腰带取下来，我也不会脱裤子。"

与其说劳尔和阿拉贡内斯签订了停战协议，还不如说是临时停火协议。支持劳尔的媒体想给阿拉贡内斯下个台阶，然后让劳尔进国家队，这样阿拉贡内斯就输掉了这场战斗，但阿拉贡内斯并没有输，最终在对法国队和意大利队的两场友谊赛也没招劳尔，更没有带劳尔去欧洲杯。因为这是不可能的，年轻一代球员为了阿拉贡内斯拿下欧洲杯决赛圈入场券，然后欧洲杯让劳尔来打主力继续闹不愉快？那会是阿拉贡内斯对球队的背叛，阿拉贡内斯一辈子都没有背叛过谁，这次更不会。看到劳尔没有被招入球队打与法国队和意大利队的友谊赛，更衣室传出的声音是："爷爷你太有种了。"

媒体自然不肯罢休，继续征讨阿拉贡内斯。媒体就像当年邀请米歇尔去评论1994年美国世界杯一样，也邀请劳尔去评论欧洲杯，但劳尔没有去，这真的是为西班牙队好。

如果你问笔者阿拉贡内斯不用劳尔的真相，笔者相信阿拉贡内斯自己所说的，那就是劳尔已经失去速度了，而西班牙队当时有比利亚和托雷斯，他们比劳尔更适合进入球队。除了这个球场上的核心问题，劳尔和阿拉贡内斯还有很多场外的纠葛和恩恩怨怨，但这都不是阿拉贡内斯不用劳尔的主要因素，毕竟有人的地方就有矛盾、纠葛和纷争。必须要肯定的是阿拉贡内斯的职业素养和原则操守，他自始至终都坚持和劳尔没有私人恩怨，直到死也从来没有把两人之间到底出过什么事公之于众。这是出自于一名教练的操守，把两个人之间的私人对话带到棺材里也不会说出来。更衣室里的事只能留在更衣室里，两人的私人对话仅能留在两人之间，如果一名教练破坏了这个规则，他丧失掉的不仅仅是这一名球员的信任，而是所有球员的信任。阿拉贡内斯一辈子不曾背叛过任何人，他这次一样没有背叛劳尔，两人之间的斗争也是在规则下进行的，阿拉贡内斯并没有犯规。

劳尔是个从不服输的球员，这也让他成为皇马的传奇，但他错就错在他想利用舆论帮自己翻身，要知道这些舆论很多都是曾经强烈要求他离开国家队，使他不能去2006年德国世界杯的舆论，他想利用舆论的同时也被反阿拉贡内斯的舆论所利用。劳尔没有意识到他的时代已经过去，但这不能被称之为错误，不愿意服输是一种可贵的精神，如果劳尔是个轻易放弃的人，阿拉贡内斯当初也不会那么欣赏他。

十六、欧洲杯冠军开启西班牙时代

　　带着媒体的怀疑与劳尔缺席国家队的争吵，西班牙队开始了欧洲杯之行，球队来到了奥地利小镇诺伊施夫特，这是一个风景如画的地方，当地人也很好，西班牙队很受欢迎。从到这里集训开始，阿拉贡内斯就给球队增加自信，这表明了西班牙队此行的目的就是夺冠，阿拉贡内斯对球员们说道："现在已经是决赛阶段，我们是最好的球队之一，我们的对手也都很不错，但我们比德国人、法国人、意大利人都要踢得好。什么1/4决赛厄运，什么媒体说的那些东西，大家想都别想，我们只想有积极意义的东西，您们（阿拉贡内斯对队员说话从来都用

"您"）有水平，也有这个档次来争夺冠军。"后来，阿拉贡内斯的体能教练也是他的好友帕雷德斯回忆说："阿拉贡内斯每次讲话都不是随便讲的，他更像个演员，讲话前都要自己酝酿自言自语很多遍。阿拉贡内斯是一个想一件事要想很多遍的人，他不是一个能让一件事就这么过去的人。"

不进决赛，我们就是屎

与此同时，西班牙队员们的饮食也被严格控制，我们都知道从事足球或者篮球运动这样有氧运动项目，人的体重是很重要的，体重轻往往会让球员更有耐力，更灵活，更有爆发力。另外，摄入的食物质量也很重要，那段时间，西班牙球员天天喊饿，因为成天吃一点蔬菜加鸡肉，食谱完全按照最科学的运动学食谱来，球员们也只能忍着，因为是偏远山村，也找不到能大吃大喝的地方。

西班牙队第一个对手是名不见经传的俄罗斯队，这实际上是一支很强大的球队，由希丁克领军，但那个时候大家都还没发现。阿拉贡内斯在赛前训话道："现在到时候了，我们在这么长时间内受尽了来自各方面的屈辱，现在是向这个国家展现我们的时候了。比赛中该伸腿的伸腿（指不能怕拼抢，敢于和对手对脚），腿都伸长点。我们有机会狂灌对手，那我们一定要狂灌对手，我们可以的，一定要狂灌对手。孩子们，谁累了就举手。"

在球队受到各方攻击屈辱上，队友们是有很深的体会的，卡西利亚斯回忆说："尤其是主帅受到了来自媒体各方的各种大棒。"另一名门将雷纳说道："媒体对我们的批评，让我们关起门来变得更为团结。"

西班牙队结果还真狂灌了对手，比利亚完成帽子戏法，他是18年前米歇尔在1990年世界杯对韩国队比赛中完成帽子戏法后，西班牙队历史上第二位大赛决赛圈完成帽子戏法的球员，替补出场的法布雷加斯打进1球，西班牙队4比1大胜。

但是这场比赛也有问题，西班牙队赢在进球的效率高，但实际上球队在上半场并未控制比赛，为此阿拉贡内斯用法布雷加斯换下托雷斯，改为让法布雷加斯、伊涅斯塔、哈维、席尔瓦同时出场，另外还有脚下技术很好的后腰塞纳在，比利亚出任单前锋，阿拉贡内斯解释自己换人是为了增加控球。托雷斯被换下场时有些生气，但他之后解释称是对自己的表现不满。

这种控球理念贯穿于西班牙队成功历史的全部，2012年欧洲杯，博斯克使用无锋战术，让法布雷加斯、哈维、伊涅斯塔、席尔瓦和布斯克茨、阿隆索同时出场也是出于此理念。

2013—2014赛季，马蒂诺来到巴萨当主帅后总是就风格吵个不停，但最终还是回到了控球制胜的理念，对待所有强队都会让法布雷加斯、伊涅斯塔、哈维和布斯克茨首发而减下一名前锋。

阿拉贡内斯对这种控球理念有着精辟的解释："谁能控住球，谁就是比赛的主人、进攻的主人、防守的主人、防守反击的主人，是一切的主人。对方没有控球权就无法进攻。"

战胜俄罗斯队后，西班牙队迎来了难缠的瑞典队，瑞典队在预选赛中差点让阿拉贡内斯下课。这是一场非常艰难的比赛，阿拉贡内斯赛前激励球员们讲道："如果我率领这么好的一支球队不能打进决赛，那我就是一坨屎，而我率领的这支球队也是一支屎一样的球队。"很明显，阿拉贡内斯不仅仅是准备了这么一段话，他是个对比赛细节准备非常充分的教练。托雷斯的进球便是通过一次组织极其严密的战术角球打进先拔头筹的，但伊布利用拉莫斯的失误上半场就扳平了比分。

比赛僵持到最后时刻，阿拉贡内斯在场边对比利亚喊道："比利亚你回到中场中间来，你从这开始启动。"最后一分钟，果然是比利亚后排插上打进制胜球，西班牙队2比1战胜瑞典队。

不只是球队，更是团队

比利亚进球后冲到替补席首先和雷纳拥抱，然后和所有球员拥抱在一起，这是非常出人意料的举动。大家都想起2006年世界杯，劳尔在对突尼斯队进球后冲到替补席拥抱了卡尼萨雷斯和萨尔加多，然后和几名球员击掌就回到场中，很多球员起身准备和劳尔击掌都没拍到，那伸出去的手没地方放也不能就那么缩回去啊，多丢人啊，只能拍了拍劳尔的背或者头。劳尔那时候的行为被认为是向球队其他人示威，而比利亚的举动被看成是球队团结的象征。

一支立志于夺冠的球队，队内必须要团结，不能有太多乱七八糟的事，而阿拉贡内斯打造出了一支团结的球队。阿拉贡内斯曾回忆说："我对这个球队有1001份自豪，那就是这是一个团队。"当时的西班牙队队内环境很好，不分俱乐部，不分帮派，老队员不欺负新队员而是尽可能帮助新队员尽快融入球队。当时拉莫斯是球队大巴的DJ，球队在大巴里面经常一起跟着音乐唱歌，而回到驻地，球员们都集中在卡普德维拉的房间内聊天、打牌。

塞纳回忆当时的情景说道："我们队员间的关系不仅仅是

在场上，我们在场下也是好友，当时每天都有十四五个人集中在卡普德维拉的房间里，我就住在隔壁，我当时想睡觉都没法睡。"第三门将帕洛普说道："在这支球队里没有什么等级分别，谁都不比谁高一等，我们23个人人人平等。"新人卡索拉讲道："我是最后一个入队的，但大家待我都很好，哈维是这个球队里最老的队员，他是第一个和我说话的人，他让我在这里待得很舒服。"比利亚说道："我参加过很多次集训，但没有一次集训像这样。以前的集训总是很无聊，过不了几天就受不了了，但这次集训很开心，大家都相处得很好。有的时候，你在长达9个月的时间内（一个赛季）每天都要和一个人照面9次，都不能像在这里待不到一个月的时间内和一个人相处得好。"

卡西利亚斯和哈维都说球队的好环境要拜阿拉贡内斯所赐。阿拉贡内斯都做了什么呢？举个简单的例子，一次阿拉贡内斯看到拉莫斯在玩手机，就对拉莫斯说："把你那个手机扔掉，你要想说话去和你的队友们说。"

对瑞典队的比赛后，记者们曾问过阿拉贡内斯有什么秘诀把球队搞得气氛这么好、这么团结，阿拉贡内斯说道："我只是在我认为是基础的一些方面施加了一些影响，比如大家之间应该互相尊重。大家应该知道队友永远在你身边，一些人可以和另一些人经常说说话，我认为这可以让一个团队强大起来。"

阿拉贡内斯是一个很会和人相处的人，人们说阿拉贡内斯当了一辈子教练，但他从来没有脱离球员的身份，他始终把自己当成球员，当成球员们的队友。卡西利亚斯回忆说："阿拉贡内斯很爱和我说话，说着说着，我就会感觉他是我们中的一员，不是教练。"哈维也回忆说："阿拉贡内斯喜欢到我房间里和我聊天，聊足球，一聊足球，我们能聊上几个小时，就像是我的队友。"

有一则轶事是，阿拉贡内斯上任后第一次招球员并没有把自己未来的核心哈维招入队中，第二次招哈维入队后，他首先问哈维："我第一次没有招您入队时您是怎么想的？您肯定想这个臭老头竟敢不招我入队。"哈维当时被吓住了，立马矢口否认，阿拉贡内斯一笑，哈维才领会到老头子是在开玩笑，这样很容易就拉近了两人之间的距离。

另外一则相近的故事是，卡索拉第一次入队后被阿拉贡内斯叫到自己在国家队训练基地的办公室，卡索拉当时在沙发上很舒服地坐着，阿拉贡内斯发问道："您凭什么认为自己来到这里（指入选国家队）？"卡索拉回答说："因为您觉得合适让我来到这里。"阿拉贡内斯上前一把揪住卡索拉的脖领子说道："你来到这里是因为你配得上来到这里。"

西班牙队两战全胜，为了节省主力球员的体能，也为了给替补球员们提供出场机会，第三场对希腊队的比赛，西班牙队使用了伊涅斯塔加全替补阵容，希腊队查理斯特亚斯先进一球，之后德拉雷德和古伊萨将比分反超，西班牙队2比1获胜。德拉雷德是皇马青训中场，后来心脏病发作被诊断为不能再踢职业足球，而古伊萨是当时那个赛季的联赛西班牙籍球员最佳射手。这场胜利也是阿拉贡内斯为西班牙队拿下的第36场胜利，这平了克莱门特在西班牙队创造的纪录，而且阿拉贡内斯在执教51场时就获得了这个纪录，而克莱门特执教了62场。

跨过意大利队，跨过历史的门槛

西班牙队以漂亮的足球和小组赛全胜的战绩打入1/4决赛，在1/4决赛中他们遭遇了2006年世界杯冠军意大利队。虽然那时候意大利队的情况并不好，但西班牙队已经88年没有在正式比赛中战胜过意大利队，1/4决赛厄运在最近24年内伴随着西班牙队。如果说西班牙队当时有信心战胜意大利队，那并不是真话。

阿拉贡内斯首先要帮助球队战胜心理上的畏惧，他要求队长卡西利亚斯一起给队员们灌输积极的思想，阿拉贡内斯出场前还在告诫球员们："媒体说的那些1/4厄运，还有我们没有战胜过意大利队的事，都是扯淡，大家都不用想这些事，这都是为了做文章搞出来的，现在就是我们要战胜他们的时候。"

与此同时，另一边的意大利人虽然是以小组第二的身份迎战西班牙队，但要有自信得多，前意大利队主帅萨基赛前说："西班牙人很喜欢什么，太喜欢照镜子了。我们意大利是一个艺术的国度，我们在绘画方面、建筑方面都是艺术家，我们喜欢穿着漂亮。但在足球上，我们要求的是有结果，取得实际的结果。"

西班牙队控制比赛，但意大利队防守密不透风，西班牙队全场几乎没有什么机会，塞纳的一次直接任意球因布冯脱手，皮球击中门柱但没有弹进门内，另有一次机会是替补卡索拉在加时赛中的一次似传似射，而比利亚没有在原点抢到球。意大利队有一次卡莫拉内西的禁区内补射，被即时回防的卡西利亚斯用脚将球挡出。

西班牙队其实最终还是没有战胜意大利队，两队在120分钟比赛中打平，于是残酷的点球大战来了。西班牙队此前在点球大战中的运气并不好，最近的一次点球大战胜利是在2002年韩日世界杯1/8决赛中凭借卡西利亚斯的神奇表现淘汰了爱尔兰队，但在1/4决赛的点球大战中输给了韩国队。此外，西班牙队在1986年墨西哥世界杯1/4决赛中被比利时队点球淘汰，1996年英格兰欧洲杯1/4决赛上被英格兰队点球淘汰。当时的情况是意大利人更有信心，托雷斯回忆说："点球大战前，意大利队的队员们都很放松，有说有笑，好像他们撑到点球大战就肯定会击败我们。我们当时心里都很紧张，站在中圈抱在一起，没有人说笑，大家注意力都很集中。"

阿拉贡内斯对于点球大战早有准备，战胜希腊队后，球队便开始在每日训练中加练点球，而且他对于谁来主罚点球早胸有成竹。他逐个布置谁罚点球，首个罚点球的是比利亚，他是队内的第一点球手，比利亚回忆说："路易斯找到我让我罚第一个点球，这是一种信任，不是吗？这让我对罚点球更有信心。"阿拉贡内斯布置的第二个点球手是新人卡索拉，卡索拉回忆说："路易斯让我罚第二个点球，还问了我愿意不愿意罚，我说愿意。"

西班牙队先罚，比利亚和卡索拉命中，轮到意大利第二个出场的德罗西，他打向左侧的点球被卡西利亚斯扑出，卡西利亚斯回忆说："我记得德罗西在之前一年的欧冠比赛中曾把点球踢飞，我当时估计他会选择一个最稳妥的角度，右脚球员最稳妥的方向都是打我的右侧，结果我猜中了。"

此后，塞纳和卡莫拉内西分别罚中点球，但第4个出场的西班牙球员古伊萨将点球罚失，两队又变成了均势。古伊萨回忆说："我感觉当时天都快塌下来，我在想这么好的球队，一个月的努力都坏在我手上了。"阿拉贡内斯后来回忆说："我当时就有个直觉，所有罚点球的球员中最不想罚的就是古伊萨，我也不知道为什么会有这种感觉。"但是，卡西利亚斯安慰了古伊萨说："没事，下一个我给扑出去。"事后卡西利亚斯被问道为什么会这么说时，卡西利亚斯说："这是一个我们一起生活了一个月的队友，看到他那么难过，我必须要想办法去安慰他，我当时想到的唯一的办法就是说我可以扑出下一个。"结果是，卡西利亚斯真的把迪纳塔莱的点球给扑出去了。

西班牙队最后一个出场的是法布雷加斯，这是个奇怪的决定，因为法布雷加斯自从16岁在西班牙青年队罚过点球后就从来没有罚过点球，而第5个出场的点球手压力巨大，小法回忆说："该我罚点球了，我在想，如果我不进去，我就会成为新的历史罪人，这届欧洲杯我们做出的一切努力大家都不会记得，只会记得我罚丢了点球。但我想着想着就想不下去了，我对自己说把这一切都赶出脑子里，现在只想把点球踢进。"小法也是右脚选手，他的习惯稳妥方式也是打门将的右侧自己的左侧，但是布冯（意大利门将）也有自己的弱点，论水平，布冯完全可以进入历史最伟大的门将前几位，但他有个问题，就是很不擅长扑点球，被公认为伟大门将中最不会扑点球的一个，他也没有扑点球的自信。与之相反，卡西利亚斯可能是历史上最会扑点球的门将之一，有人曾问过卡西利亚斯扑点球的秘诀是什么，卡西利亚斯说："没什么秘诀，就是你要能控制住，等到最后一刻再扑。"而布冯就控制不住，法布雷加斯助跑的过程中，布冯已经就开始扑了，扑的正是法布雷加斯习惯踢的门将右侧，法布雷加斯反应很快，立刻改变计划射向另一个方向，法布雷加斯赛后说道："我在练习点球时一直是踢布冯扑的那个方向，但我看到他先动了，所以我踢了相反的方向。"

法布雷加斯将最后一个点球踢进，西班牙队虽然不算战胜意大利队，真正在正式比赛中战胜意大利队还要等到4年后，但西班牙队的确迈过了1/4决赛厄运，迈过了噩梦球队意大利队。从那时起，西班牙队似乎变得不可战胜。

比德国人更懂得竞争

半决赛西班牙队遭遇了自己在小组赛中4比1大胜过的对手俄罗斯队，俄罗斯队和西班牙队表现一样抢眼，因为俄罗斯队刚在1/4决赛中3比1战胜了夺冠热门球队荷兰队。

阿拉贡内斯首先在赛前告诉球员们不要认为这是一场很容易的比赛，因为西班牙队在小组赛中曾经完胜过对手。然后他告诉大家现在外界都把目光盯在阿尔沙文身上，但他认为帕夫柳琴科更有威胁，实际上正如阿拉贡内斯预料，上半场俄罗斯队的2次最有威胁攻门都是帕夫柳琴科制造的，一次远射，卡西利亚斯用指尖扑出，一次包抄射门打偏。最后，阿拉贡内斯还以很轻松的方式教了球员们如何和裁判们交流，他说："你们知道裁判们是喜欢球员们和他交流的，比如那个比利时边裁，你过去就和他说约瑟夫，反正后面的话他也听不懂，但他听到你叫他名字心里会说，'这个球星居然知道我是谁'。"

西班牙队在上半场的形势并不好，希丁克又搞全场紧逼，西班牙队很难组织好有效进攻，最佳射手比利亚还在主罚一次任意球时受伤了，只能被法布雷加斯换下。但下半场比赛变成了一边倒，因为俄罗斯队的全场逼抢不是个可持续发展的战术，卡西利亚斯回忆说："说真的，下半场比赛我们踢得就像散步一样。"

哈维、伊涅斯塔和法布雷加斯这三位来自巴萨或巴萨青训的球员成为比赛最佳球员，先是伊涅斯塔左路传中，哈维抢点首开纪录，此后又是法布雷加斯禁区前给古伊萨助攻再进一球，最后是法布雷加斯边路传中助攻席尔瓦打进第3球，法布雷加斯回忆此球时说道："当时伊涅斯塔在左路中场一直对我喊快跑啊，往前跑，然后我就跑了，伊涅斯塔一个传球过来，我虽然从来不是什么世界上最快的球员，但我当时感觉到我从没有那么快，之后便助攻席尔瓦打进了这个球。"

西班牙队在半决赛中3比0大胜俄罗斯队，再次提升了西班牙队的声誉，当时国际媒体对西班牙队的美丽足球和主帅阿拉贡内斯的调教方法的盛赞已经到了无可复加的地步。意大利《都灵体育报》和葡萄牙《球报》同时用"西班牙万岁"做头版标题，《都灵体育报》还要求为"爷爷"阿拉贡内斯立一座纪念碑，法国《队报》的标题为"西班牙大师"，《巴黎人报》则是"西班牙就像飓风"。德国《柏林日报》写道："看到古伊萨接到这么漂亮的一个传球后打进的进球，（德国队主帅）勒夫的嘴一定合不上了。"那是因为西班牙队要在决赛中面对德国队。

德国足球皇帝贝肯鲍尔在赛前显得并不是那么自信，他说道："西班牙队下半场对俄罗斯队的比赛是我最近10年来看到过的最好的足球，如果西班牙队能一直这么踢，那他们能战胜任何一支球队。西班牙队的技术更好，但德国队更有经验，注意力也会更集中。我希望比赛有进球，有加时赛，有点球，我们会在点球大战中战胜对手。"

贝肯鲍尔看对了一些方面，但也预测错了另一些方面。阿拉贡内斯想的是在90分钟比赛内战胜德国队。如果你问阿拉贡内斯教会给了西班牙队什么东西，那最重要的就是怎么竞争，就如阿拉贡内斯之后回忆说的："球队展现出他们已经学会了竞争。"

竞争这个词比较抽象，中国球迷可能不太理解竞争是个什么概念。卡马乔在带中国国家队时，总是强调球队要学会竞争，但很多人可能并不理解这个词的意思。西班牙足球当时在技术上已经谁都不怕，但看过此前那么长的悲惨、忧郁的历史，相信大家已经明白这支球队不是一支像意大利队、德国队、巴西队那样的非常有竞争力的球队，你甚至可以说它是一支表演队，但一真上阵打仗就往往傻眼了。

球队要变得有竞争力需要有多方面的素养，首先球员们要自信，不能一上场就感觉自己矮对手三分，托雷斯回忆说："当时路易斯总是对我们说，哈维比施魏因施泰格会踢球多了，卡西利亚斯是世界上最好的门将，等等，现在看来大家都能接受这个观念，但在当时，我们对此还有很多怀疑。"卡西利亚斯说得更直接说："路易斯告诉我们，我们是来夺冠的，不是说在这次大赛中扮演个好角色就可以满意回家了。说实话，我之前从没想过能和国家队获得任何冠军。"

建立自信以后，球队必须勇敢，在场上能把自信转化为勇敢，那就是在该对脚的时候不能缩腿。为什么贝克汉姆在世界杯上的一跳能被英格兰人骂半天？因为躲避对方铲断是一种没有竞争力的表现。但是对于西班牙队来说，最主要的是要在面对各种困境的时候能坚持打出自己的地面短传风格，不要看对手一紧逼自己就慌了开始开大脚了。竞争力的表现就是对手狠，你要比他更狠；对手聪明，你要比他更聪明；对手要把比赛变成他们风格的比赛，那你们要坚持把比赛变成你们风格的比赛；对手很优秀，你们要变得更优秀，不能一看对手很强，自己就认输了。

阿拉贡内斯在赛前对球队做了特别的动员，首先在球队刚进入比赛场地时，阿拉贡内斯告诉大家："我们要知道，亚军没人记得住，大家只记得住冠军是谁，你多少年后说自己夺得了亚军，根本没人理你，历史只记得住冠军。"随后在准备会上，阿拉贡内斯又给大家介绍了点小技巧："对方那个金毛，那个名字很怪的人（施魏因施泰格），咱们要去跟他说些什么，让他生气，让他发挥不好，最好能让他被罚下？这是足球的一部分，这是比谁更聪明。队长（指卡西利亚斯），你准备跟他说点什么？"阿拉贡内斯的确喜欢挑逗对方球员，1974年欧冠决赛马竞对拜仁的比赛中，他就老叫贝肯鲍尔"帅哥"。帅哥这个词在两个男人之间绝对是一种很严重的侮辱，因为这是在骂对方是同性恋，而且还是扮演女性的那个。此外，阿拉贡内斯当教练的时候还骂过场上踢球的耶罗"老家伙"，骂过皇家社会的科瓦切维奇"蠢货"、"白痴"。

阿拉贡内斯强调的另一点是："这种比赛，安全是最重要的，我们一定不能出现错误。"哈维在回忆当时的情况时说："我永远记得路易斯的那句话，决赛是用来赢的，不是用来踢的。"

阿拉贡内斯除了对全队做了总动员外，还对一个人做了特别的动员，那就是马竞前锋托雷斯。阿拉贡内斯对托雷斯说："你今天一定会进2球。"说完亲了托雷斯额头一下，这招阿拉贡内斯在带马竞的时候就用过，类似于用迷信的方式让队员相信命运是站在自己一边的，和我们历史上所谓的真龙天子、紫气东升差不多。不过，这招也不能老用，特别是在科学高度发达的今天，大家对于迷信这套已经越来越不相信了，穆里尼奥最后一个赛季带皇马时，在一场对马竞的比赛前也用了这招，他当时在更衣室说："我梦到我们战胜了马竞，然后我们就夺冠了，只要战胜马竞我们就可以夺冠。"但当时的皇马球员已经对穆里尼奥失去信任，都认为他是神经病，搞这些没人信的小把戏来糊弄谁啊。

决赛开始，前15分钟西班牙球员的确很紧张，没办法，本来就不是一支有冠军历史的球队，一登上决赛场地怎么都要适应一下。但是托雷斯接拉莫斯的传中压在对方球员默特萨克的头上，头球击中立柱改变了比赛形势，德国队开始胆怯了，不敢压上了，西班牙队的好戏开始了。应该说托雷斯在这场比赛上的状态是非常好的，而且比利亚在半决赛中受伤，托雷斯成为西班牙队锋线唯一可以依靠的人物。默特萨克身高1.98米，而托雷斯身高只有1.83米，托雷斯自己回忆都说："我都不知道我是怎么跳起来超过他一头的。"

托雷斯的好状态不仅仅体现在这次攻门上，第33分钟，塞纳得球后直传哈维，此时哈维的位置非常好，正好在德国队中卫默特萨克和后腰弗林斯之间这个对于前腰来说最能制造杀伤力的位置，他一个直传，德国队拉姆护球抢在托雷斯身前，德国队门将莱曼也扑过来封死了角度，但托雷斯在三步之内强行超车拉姆，然后一个劳尔式的挑射，皮球划过莱曼飞入远角。此后，西班牙队利用控球让德国队没有什么机会，最后时刻德国人焦躁不安，似乎已经知道自己的失败不可避免。西班牙队终于在时隔44年后再次捧起欧洲杯。

托雷斯赛后说道："拉姆赢得了位置，但他太自信了，也就放松了一秒钟，我利用他的放松超过了他，然后挑射，皮球越过了莱曼。这些都是比赛的小细节，我们在对意大利队和俄罗斯队的比赛中特别重视这样的小细节。以前都是这种小细节让西班牙队被淘汰，现在是这些小细节帮助球队夺冠。"

西班牙队夺冠后，球队有9人进入了赛事最佳23人名单，包括门将卡西利亚斯；后卫普约尔、马切纳；中场塞纳、哈维、伊涅斯塔、法布雷加斯；前锋托雷斯、比利亚。比利亚以4个进球的成绩获得赛事金靴奖，而哈维当选赛事最佳球员，欧足联技术委员会给哈维的评语是"哈维是刻画西班牙队风格的球员"。欧足联技术委员会主席安迪·罗克斯伯格评价道："哈维是一名对西班牙队的控球、传球、进攻有着非常大影响的球员，他决定了球队不会变形到另一种打法而是忠于自己的哲学。如果你不高，那你就要快、聪明、技术好，西班牙队正好诠释了这些特点，他们踢得非凡，有创造力，有着光辉的配合，在极大的压力下一直保持把球控在脚下。西班牙人把球带在距离心很近的地方，因为他们爱球。他们有着个人的天赋和集体的灵敏。"

阿拉贡内斯离职之谜

阿拉贡内斯为西班牙队再次夺得了大赛冠军，并且打造出一支举世瞩目的热爱进攻、技术出众、能打漂亮足球的球队，但很奇怪的是，欧洲杯赛后阿拉贡内斯并没有继续执教球队，而是前往了土耳其的费内巴切俱乐部执教，这成为一个很多人都搞不明白的事情。在飞回马德里的航班上，全队高唱"阿拉贡内斯留下来"，球队的几个重量级人物哈维、雷纳、托雷斯等人还向足协发出要求，要求阿拉贡内斯留下来，但还是没有办法。一是因为阿拉贡内斯在欧洲杯前已经接受了土耳其费内巴切的邀请；二是西班牙足协已经找好了博斯克当球队的主教练，只不过一直等着没有签字。

阿拉贡内斯的离职还要从耶罗出任国家队技术总监开始。国家队技术总监这个职位本来是给阿拉贡内斯的，但最后给了耶罗，这个职位是监督各级国家队工作，对各级教练做评判的。阿拉贡内斯早就说了这个职位应该给有分量的人担任，但耶罗从未担任过教练，只是一名前皇马和西班牙国家队的队长。阿拉贡内斯和足协主席维拉说得很清楚，耶罗不能参与任何国家队的事，在球队出行时，阿拉贡内斯也不允许耶罗登上大巴车，2008年欧洲杯时他也不允许耶罗和球队长期在一起。

可以说从西班牙少年队到国奥队，都在耶罗的掌控之下，唯有国家队是耶罗碰不得的。耶罗上任后，把西班牙队各级主帅几乎全部换成了皇马人，其中包括卡兰卡（后来穆里尼奥来皇马时候的助理教练）、路易斯·米拉、洛佩斯·卡罗（曾经当过皇马的代理主帅），只剩国家队主帅的位置由马竞人阿拉贡内斯占据。这里说个题外话，当年中国足协曾咨询西班牙足协要一个合适的教练人选，结果人家推荐了卡马乔，中国足协事后老拿这件事当挡箭牌说西班牙足协那么专业能推荐错吗？中国足协是不知道，人家也讲政治，中国队主帅是一个肥差，当时被皇马人把持的足协肯定推荐皇马人，而卡马乔和博斯克、耶罗是一伙的。这不是说想通过这件事说明卡马乔有多差，而是当时中国足协想找一位能体现西班牙国家队风格的主帅，这样的主帅大都在巴塞罗那，皇马的风格本来就不是西班牙国家队的风格。

耶罗从上任就不欣赏阿拉贡内斯，西班牙队在打欧洲杯前的最后一场热身赛是同美国队，西班牙队只以1比0小胜，当时在主席台上耶罗就抱怨阿拉贡内斯那套东西都是老掉牙的东西，西班牙队在阿拉贡内斯手里不会夺得任何成绩。这话传到了阿拉贡内斯的耳朵里。在备战2008年欧洲杯时的第一次集训中，卡西利亚斯和拉莫斯因为参加皇马在中东地区的友谊赛没有来到，阿拉贡内斯对此很不满意，因为这是耶罗特批两人可以晚报到的。

阿拉贡内斯实际上很早就察觉到耶罗要把自己赶走，2007年11月，西班牙队在伯纳乌主场3比0战胜瑞典队基本出线，那场比赛确定了西班牙队以小组第一出线了，但赛后阿拉贡内斯谈到自己的续约时说道："欧洲杯后，我不会继续留队。什么东西都有保质期，比如牛奶，我不会喝已经过期的牛奶，您会吗？"

阿拉贡内斯不想留任是因为已经知道了耶罗联系了博斯克，只是他不愿意直说而已。耶罗和博斯克是什么关系？耶罗在皇马的最后时段正是博斯克带队的时候，2003年博斯克为皇马夺得联赛冠军，就在夺取联赛冠军当夜被通知不被续约，队长耶罗在弗洛伦蒂诺的办公室里为这事拍桌子，自己也离开了皇马。我们都知道阿拉贡内斯是个什么样的人，1998年西班牙足协找了他和卡马乔两人，他因为觉得足协的做法有失尊严不够体面就没接手国家队，这次知道足协已经给他找好继任者后，他也不会再坚持。

关于阿拉贡内斯没有续约比较官方的说法是，阿拉贡内斯一直不肯续约，所以西班牙足协找到了博斯克。但是阿拉贡内斯在2012年接受采访时曾说过："在2007年9月，我就已经知道足协和博斯克谈好了，签约可能是没签约，我不清楚，但肯定是已经达成了口头协议。我的确没有说过要和足协续约，但足协也从来没找过我要我续约。足协跟我说过，让我干别的，不是正式的邀请，但我不同意。"后来，阿拉贡内斯还说过一句话："我是不会和任何有教练在岗的球队谈加盟的，那是对同行的不尊重。"事后，很多媒体认为这话是对博斯克说的。就这样，阿拉贡内斯缔造了一支冠军队伍，但没有继续带领这支球队冲击世界杯，当被问到阿拉贡内斯如果带队是否可以拿到世界冠军时，老帅说道："我觉得我也是可以带队拿到世界杯冠军的，当然博斯克带队夺冠也有他的成就，我并非是剥夺他的成就。目前的这支球队，有80%的球员都是我那时候的球员，我离开后球队有一些变化，但并没有大的变化。"

迟到的纪念

阿拉贡内斯于2014年2月1日因血癌在马德里逝世，享年75岁。2008年夺得欧洲杯时，他以69岁的高龄成为夺得欧洲杯年龄最大的教练。阿拉贡内斯去世前的最后2年内，他一直在和血癌作斗争，但他并不是个想引起别人注意的人，一直没有把病情透露给曾经带过的球员和队友等，他要求他的医生、家人和几位知道他病情的至交好友严格保密。球员中，只有卡西利亚斯大概知道他的病情。在他的治疗过程中，他的医生们非常惊讶，阿拉贡内斯从来不喊疼，以至于要叫来他的朋友帮忙问问他到底哪疼，好进行针对治疗。他的体能教练帕雷德斯说："阿拉贡内斯总是要求自己的球员坚持到第95分钟，我想在他生命的最后时刻，他做到了，尽管他知道，这是一场他赢不了的比赛。"

阿拉贡内斯的去世引起了西班牙全国的悼念活动，这也是西班牙体育界内这么多年来最大的悼念活动，就是前奥委会主席萨马兰奇去世时，悼念活动也比阿拉贡内斯去世的悼念活动声势小得多。在22轮西甲联赛中，所有比赛队在赛前都为阿拉贡内斯默哀一分钟。其中在马竞主场卡尔德隆球场，阿拉贡内斯的老队友、老队员们手持大型的阿拉贡内斯8号球衣入场和马竞全队一起默哀，马竞在这场比赛中4比0大胜。

但是记者佩东表示："阿拉贡内斯从来没有赢得过自己应有的纪念仪式，纪念应该是给活人的，而不是给死人的。阿拉贡内斯在西班牙从来没有得到过自己应该有的承认。"的确，阿拉贡内斯夺得欧洲杯后并未在西班牙再得到过什么执教机会，就连他的母队马竞也很少和他联系，阿拉贡内斯对此说道："现在的年轻人成长起来了，已经不记得我是谁了。我还是到外国执教好。"

瓜迪奥拉在德国听说阿拉贡内斯去世后，告诉前来采访他的西班牙记者说："替我传递一个消息，阿拉贡内斯是西班牙历史上最伟大的教练，不是之一，是最伟大的教练。"随后在拜仁的一场新闻发布会上，瓜迪奥拉以独白的方式用德语盛赞了阿拉贡内斯2分钟。"我和哈维、伊涅斯塔和普约尔聊过很多阿拉贡内斯的事,他们让我认识到阿拉贡内斯是特别的一个。阿拉贡内斯把不可能的事变为可能,改变了一个国家的精神,他让整个国家相信我们不但能赢,而且应该赢,不以此为满足,而是向更多目标冲击。因为这一点,也因为他的为人,他是我们所有人都热爱的天才。"同时出席新闻发布会的施魏因斯泰格说道:"我对他缺少了解,我也不好说他是不是西班牙足球现在的起源,但有一点我可以肯定,那就是他改变了西班牙队的精神,当我们在2008年欧洲杯决赛遇到西班牙队时,我们认为我们遇到的是一群失败者,但在场上我们发现我们遇到的是一批胜利者。"

阿拉贡内斯去世后,卡西利亚斯发表公开信称:"阿拉贡内斯是改变西班牙队历史和命运的人物,他让我们强大,让我们相信我们自己。"哈维发表公开信说:"阿拉贡内斯是我职业生涯以及西班牙队历史上最重要的人物,没有他一切都会变得不一样,一切从他开始,是他把我们这些小个子聚集在一起,伊涅斯塔、席尔瓦、法布雷加斯、卡索拉、比利亚……在路易斯的带领下,我们进行了一场革命,从狂热变成爱球,我们向全世界证明了踢好球也能赢,如果我们没有赢得欧洲杯,也就赢不了世界杯。"

托雷斯发表公开信讲道："我17岁进入职业队更衣室，我看到的足球和我之前认识的足球完全不一样，路易斯是我的导师，他在我准备好之前遏制住我的野心，他告诉我哪些队友才是真正珍惜我的，告诉我哪些人靠近我是想利用我，告诉我职业足球中媒体是怎么回事，他总是喜欢跟我说，'孩子，你什么都不懂……'在我们充满怀疑的时候，他让我们知道这是实现最艰难梦想的第一步，他是改变西班牙足球历史的人，他是让我们敢梦想，敢相信自己，敢于竞争，敢于赢的人，直到现在我们出场前都在喊他教给我们的口号'赢、赢、赢'。"法布雷加斯也发表公开信说道："在奥地利、瑞士欧洲杯中的每一天，路易斯都在向我们传递着胜利者的信念、精神，西班牙队在这方面完全改变了……路易斯不仅是一名国家队主帅、一名教练，更是一名领袖，但需要保护我们的时候，他总是能站出来保护我们。我们所有球员都感到被他保护，被他看重。但是当需要向球队或者某一名球员发火时，他从不会手软，我们都非常尊重他，因为我们知道在我们需要他的时候，他会为我们任何人出头。"

路易斯·阿拉贡内斯和西班牙队崛起的事快讲完了，如果要总结阿拉贡内斯能成功的原因，那绝不是只有一个因素。首先，阿拉贡内斯是个非常懂球的人，他在足球上为西班牙队找到一条路，就像他不断对哈维重复说的一样："您和我知道，我们的传球比他们都好，球跑的比人跑的要多得多。"这是在技术层面西班牙队成功的基础，为西班牙队奠定了tiqui taca的风格至今；其次，阿拉贡内斯组织了一个很好的团队，队内没有谁看不起谁，也没有什么皇马帮、巴萨帮之分，这是一个团结的团队；最后，也是非常关键的一点，阿拉贡内斯是一个领袖，他在这时候已经不简简单单是一名教练，一名教练让球员们发挥出自己的水准就算完成任务了，而一名领袖可以注入获胜的精神给球员们，这是最难的，这需要教练自己有极强的定力、信心和激情，而且他还有感染力，能让整个球队为之鼓舞。

阿拉贡内斯不但改变了西班牙队的历史，也改变了世界足球的潮流，可以说为世界足球带来了光明。此前欧洲足球那么黑暗，那么讲究防守，足球变得越来越商业化，也越来越丑陋，但阿拉贡内斯建立的西班牙队让人看到，不急功近利，踢得漂亮，讲究技术，一样可以赢得冠军。此后普兰德利率领的意大利队和勒夫率领的德国队都开始模仿西班牙队的风格。能改变历史，引领历史潮流，这样的人的确是最伟大的教练，瓜迪奥拉说的一点都不夸张。

十七、博斯克与世界冠军

　　阿拉贡内斯离开西班牙队已经成为既成事实，尽管球队内的一些核心球员请求老师留下，但博斯克入主球队已经不可避免。球队的创建者离开了，但日子还要过，况且西班牙队有一代很有天赋的球员，球队必须要向下一个更大的目标——世界杯发起冲击。

　　博斯克一上台就跟球员说了几件事："你们一定要说前任教练（阿拉贡内斯）好，但不要谈我。对于足协的官员也什么都不要谈，对那些说话算数、发号施令的人你们谈什么呢？谈什么都会不合适。"西班牙队也在进行细微的调整，博斯克并没有完全排斥曾经的边锋中锋战术，纳瓦斯和略伦特都入选了国家队，但这不是西班牙队的主题，西班牙队仍旧保持着tiqui taca的风格。另外，博斯克也对球队做了细微的改变，那个时代正是巴萨巅峰期，博斯克又招入了巴萨3名主力布斯克茨、皮克和佩德罗，这也是毫无争议的人员变化。

西班牙队在2010年世界杯预选赛中取得了10战全胜的成绩，他们的足球正在受到全世界热捧。尽管中间也出现过一些事故，比如在2009年的联合会杯上，西班牙队半决赛中被体能超群的美国队2比0击败，最终3比2战胜东道主南非队获得第三名。但是联合会杯只是世界杯的预演，还不是真正较量实力的地方，没能夺冠也不是什么严重的问题，况且还有一个规律，那就是自联合会杯创建以来，还没出现过在世界杯前一年夺得联合会杯冠军的球队在第二年夺得世界杯冠军的情况，看来西班牙队为了世界杯也不该夺得这个联合会杯。

博斯克传

在介绍西班牙队开打2010年世界杯前，还是要先介绍一下博斯克这名教练。博斯克是一名在皇马效力11年的球员，是一名技术型中场，按照他自己的话说，就是有点慢。博斯克的年代并不是西班牙足球最光明的年代，在20世纪70年代，西班牙队两次没有打进世界杯决赛圈，皇马的成绩也失去了20世纪50年代至60年代的辉煌。博斯克退役后一直在皇马的青训队当教练，最后成为皇马青训的总负责人，博斯克那个时候并不想当球队主帅，他后来回忆说："我在青训基地工作的时候是我这辈子最快乐的时光，那个时候我身边都是不知名的工作人员，我们一起看着孩子们的成长。尽管那个时候我们挣钱不多，但我们也不需要钱。"皇马主席门多萨曾给博斯克提供过去别的球队当一队主帅的机会，但被博斯克拒绝了。

作为皇马青训负责人，有时候博斯克也要救火代替下课的一队教练，他在1994年接过弗洛罗的班，那时候他的助理教练是如今已经成名的战术大师贝尼特斯，他还在1996年接过巴尔达诺的班。1999年年底，皇马主席桑斯正式要求博斯克出任皇马一队主帅，不是代理主帅，尽管这次还是接替一位中途下课的教练托沙克。自此之后，博斯克带队在3年半的时间内夺得了2次欧洲冠军杯冠军（2000年和2002年）和2次西甲联赛冠军（皇马于1998年在海因克斯的带领下夺得了皇马历史上第7次欧洲冠军杯冠军）。在2002—2003赛季，博斯克为皇马夺得了皇马历史上第29次西甲联赛冠军后，皇马宣布不再和博斯克续约。皇马自2000年夏天开始进入弗洛伦蒂诺当主席的时代，这也让博斯克和弗洛伦蒂诺之间出现了不可愈合的伤痕，甚至博斯克率队夺得2010年世界杯冠军后，皇马向博斯克颁发金质纪念奖章，但博斯克认为皇马的态度主要是弗洛伦蒂诺的态度不够真诚，而拒绝领取这个奖章。博斯克这个人是很大度的，一个村子、小镇向他发纪念奖章他都会去领，拒绝弗洛伦蒂诺的邀请说明了一些问题。

皇马当时的总经理巴尔达诺在解释不跟博斯克续约时说，博斯克是个"档次资历低"的主帅。一名皇马的球员，并入选过西班牙队，还带球队夺得过2次欧冠和2次联赛冠军，这样的主帅资历低，那什么样的主帅资历不低呢？后来接替博斯克的主帅是奎罗斯，他是弗格森的助手，曾经担任过葡萄牙青年队主帅，这样的主帅难道资历不低吗？当时都说弗洛伦蒂诺看不上博斯克，原因是博斯克不爱穿西装，总是和球员一样穿运动装，这点倒和阿拉贡内斯相似，阿拉贡内斯老是说："教练就该穿运动服。"其实，根本原因是博斯克对巴尔达诺和弗洛伦蒂诺的很多做法并不认同，而更衣室听博斯克的，弗洛伦蒂诺是要除掉博斯克进行自己球队商业化的改造，而巴尔达诺虽然也制止弗洛伦蒂诺这个外行（弗洛伦蒂诺不是足球界人士，是欧洲第二大建筑公司的老板）很不职业的想法，但主要是为弗洛伦蒂诺"擦屁股"，随后才有了那个可笑的"齐达内加帕文"

计划（指巨星和青训球员并存，该计划由巴尔达诺提出）。

博斯克的执教风格是对球队不用做大的改动，就能发挥出更好的效果，他并不是一个天天喊着要买谁、要卖谁的教练，基本上你给他什么球队他都能带好。管理更衣室是他的强项，他能和大牌球员们相处得很好，人们都说博斯克是个老好人，尽管这个称呼他自己并不爱听。这两个条件让博斯克非常适合执教西班牙队，一是博斯克不会一上台就搞自己的风格，西班牙队已经是一支冠军球队，小小的调整可以让球队继续乘风破浪；二是他能和球员们相处好，管住球员，这在此后发挥了重要作用。

另外，博斯克沉稳的性格和超强的自控能力也对他成为一名成功的主帅有着至关重要的作用，他在解释自己的自我控制力时说道："我的自我控制力很强和我的性格是相符的。另外，我认为一名教练如果不忠于自己的性格，那他在困难的时候很难做出一个正确的判断。我这么说，也是很尊重我的同行们的，我并不是一个反对感情外露的人，因为这些教练如此表达自己的感情肯定他们就是这样的人。如果我激情外露，找看电视重放的时候就会感到羞愧，但不是说我不是个不容易动情的人，甚至可以说我是个容易掉眼泪的人。我认为在教练席的时候，应该集中自己所有的能力，不要被分散注意力，只有在这种情况下，才能找到一个合适的解决问题的办法。如果你对裁判失态，对球迷们失态，这是很差劲的。一名教练不应该在一些次要的事上分散精力。"

博斯克的五条金科玉律

一般要总结一名教练的规律是比较困难的，尤其是他掌控球队更衣室的秘密更是很难探悉，但博斯克掌控球队的方式我们知道，因为在一次国际教练员大会上，很多西甲教练以及所有西乙教练都参加了这次大会，博斯克在大会上讲了一堂公开课，公布了自己当教练的几大原则。

1.正直

"教练必须是个榜样，道德上正直，有原则，这样才可以赢得球员们的信任。教练员必须是个精神上的领袖。教练员不用什么都懂，但要懂得该领导谁。教练员要被一群最好的球员和人围绕，而不是对你最忠诚的，尽管有可能这些人并不会天天说你的好话。教练员不该老为一些小事操心，因为教练员要有精力做那些最重要的事。"随后，博斯克举例说自己的助手托尼·格兰德比他更了解更衣室，更了解球员们，格兰德会在博斯克进更衣室前把一些麻烦都解决了，这可以保持博斯克和球员们之间的距离。

对于怎么对待球员，博斯克认为应该根据球员的成就区别对待球员，而不是对所有人都一样，博斯克还说道："不是所有人对一样的激励方式都有同样的反应。"

对于更衣室的管理，博斯克认为既不应该对球员们下狠手也不应该没有原则："我知道我有个名声，允许球员们干任何事，但我不是这样的人。感觉现在我们又重新开始寻找那些铁腕主帅、残忍的主帅，但这和事实完全不符。使用柔软的手段会把球队带得更好。纪律源自于信任、规则和尊重，而不是用发怒和吓唬可以得到的。我也不是个支持处罚、罚款的教练，这一点用都没有。"

2.训练

在博斯克看来，一名教练的工作分为两部分，"体育上的战术和为人的风格"。对于如何实行训练，博斯克说道："我们的责任是让球员在训练中有热情。训练应该是高效、充满动力而且特别的，这种训练应该能在最大程度上模拟场上会出现的情况。激情是所有一切的发动机。"

3.相处

　　"每一个更衣室都有它的特别之处和共同之处，为此我们必须要适应球员的特性，在足球上也要适应球员的特点。我把球员们定义为特别的员工，他们年轻、欢快，在经济上并不平等。他们是很好的观察者，时刻等着发现教练的弱点，比如他们会发觉你用的是什么香水。"博斯克说道，但他认为带俱乐部队和带国家队是完全不同的："在各自的俱乐部，会有球员们之间因为什么问题把气氛搞坏，但在国家队很难相信这种事出现，因为他们都是最好的球员。一个国家队主帅要相当蠢才能把一支球队弄得不能融合。"

　　博斯克还建议教练们关注替补球员们的感受，并给出了建议："一场比赛后，几乎主力球员们总会做运动量不大的恢复性训练，而替补们进行正常训练，我认为教练在这一天应该带领替补球员们训练。"

　　博斯克认为，一个更衣室能健康、和睦相处还有两个原则，一个是"要有幽默感"，另一个是"不能让怀疑主义出现"。幽默感很好理解，禁止怀疑主义指的是不能出现悲观主义者，不能出现那些"毒药球员"。

4.队内领袖

"胜利不一定能够改善球员们的关系,最具决定性的球员也不一定是那些能团结好球队、搞好更衣室气氛的球员。"随后,博斯克举了他在执教皇马时的例子。"麦克马纳曼和格雷米当时是更衣室里最重要的两名球员,他们一个是英国人,一个是喀麦隆人。很多更能决定比赛成败的球员非常支持麦克马纳曼和格雷米,尽管他们都是在不知不觉地支持,并没有意识到。格雷米讲出来的话让很多人钦佩,另外他还可以讲五六种语言。有时候我们西班牙人认为我们比很多人高级,但非洲人在很多方面给我们上了一课。"其实博斯克讲的事很普遍,非洲人性格开朗外向,只要深接触过,几乎没有不喜欢的。比如瓜迪奥拉的巴萨,瓜迪奥拉最喜欢的球员有马里人凯塔,凯塔总是能帮他衡量他做的决定对不对,另外非洲裔的法国人阿比达尔也在更衣室内有很重的分量。亚亚·图雷最后和瓜迪奥拉闹得不太愉快,因为瓜迪奥拉不能保证他的主力位置,但他和梅西的关系保持得非常好。

5.领导方式

"一名主意老改变的主帅是很难作出正确的选择的。一名教练没有必要一直站在技术区里指挥，他的助手们也没有必要，但我是带着尊重的态度讲这番话的。一名助手是为了解决问题的，不是为了制造麻烦的。"博斯克说道。他还指出主帅听取助手们的意见非常重要，"6只眼睛总比2只眼睛看到得更多"。这句话有点像我们说的三个臭皮匠顶一个诸葛亮。

关于和媒体相处的方式，博斯克说道："我认为在输球和赢球中教练应该能找到平衡。我希望一个记者在不知道比赛结果时来听新闻发布会，听完了以后，他还是不知道比赛结果。我认为一名主帅面对媒体时表现得自然就好，不用掌握什么语言的艺术。"博斯克的这个表达中国人很容易理解，是中庸之道的西方人应用。

最后，博斯克还给了所有教练一个忠告："永远，永远不要因为你们的个人利益透露消息给记者，因为你们会成为记者们终生的奴隶。"

2010年世界杯前，西班牙队遇到了两个问题，那就是两位主力队员的身体状态并不好，一个是伊涅斯塔，另一个是欧洲杯决赛打进唯一进球的托雷斯。托雷斯在距离世界杯开始前2个月的时候进行了右膝关节半月板手术，这导致他要休息一个半月，西班牙队曾经认真考虑过是否要带托雷斯去世界杯，最终还是带刚刚伤愈复出的托雷斯去了，因为托雷斯满脑子都是世界杯，他自己非常坚持要去世界杯。

伊涅斯塔和托雷斯的情况相似，也是在距离世界杯还有2个月的一次队内训练中肌肉再次拉伤，在那个赛季伊涅斯塔肌肉频繁拉伤，这次拉伤后，伊涅斯塔跑到训练场地一角开始哭了起来，后来他回忆说："那次受伤几乎杀死了我，我哭着离开训练场，谁的安慰都不想听。"西班牙队带上了这位不可缺少的中场球员来到南非。伊涅斯塔当时的心理问题比身体问题还要严重，博斯克说道："有时候球员受伤后，即便是他已经完全好了，但他还是打不出自己的水平，感觉心理上总是有疙瘩。"当时的巴萨理疗师里卡特针对此情况为伊涅斯塔准备了一张光盘，里面有F1车手阿隆索撞车后重新夺冠的场面，有网球选手纳达尔受伤受挫后夺冠的场面，这是想帮助伊涅斯塔战胜心理畏惧。

开局不利和双后腰争议

西班牙队与瑞士队、洪都拉斯队、智利队分在一组，说实话这是一个不是很困难的小组，但却被西班牙队给踢困难了，西班牙队首场对瑞士队就0比1输了。

这是西班牙队或者巴塞罗那队这样强势控球打进攻的球

队的一场典型的失败，这种典型的失败一般有几个特点，一是进攻的球队完全占据优势，而另一方是死守；二是进攻的球队运气极差；三是进攻的球队的确不在巅峰状态，如果在巅峰状态，不管运气怎么差还是会赢，西班牙队当时是这样，巴塞罗那在2012年欧冠半决赛被切尔西队淘汰也一样。西班牙队全场占尽优势，瑞士队9人防守，西班牙队全场23次射门，控球率达到63%，瑞士队一共5次射门。阿隆索在上半场一次远射击中横梁，瑞士队唯一的机会出现在第56分钟，当时瑞士队前锋费尔南德斯的脚下球被卡西利亚斯扑住，但球弹起来又弹到费尔南德斯身上，皮克赶来护住了球，但却摔倒了，球从自己身下滑走，瑞士队队员补射得分。从这个进球就可以看出，所有反弹球最后都弹向了进球的方向，运气摆明了是不想让西班牙队赢。而且在比赛中，伊涅斯塔又受伤了。

　　准备夺冠的西班牙队遭受了重创，因为历史上还从未有一支球队在输掉世界杯首场比赛后夺冠，西班牙队不会打首场比赛的厄运似乎又回来了。首场一输球什么问题都来了，向来喜欢以私生活角度看待足球问题的英国媒体报道说，是队长卡西利亚斯的女友萨拉分散了西班牙门神的注意力，萨拉是电视台体育记者，2010年世界杯前被直播电视台电视5台高薪挖走进行场地采访，很明显这是因为她男友是西班牙队队长的原因，这种批评也被西班牙媒体所采纳。

与此同时，博斯克的战术受到诟病，因为博斯克使用阿隆索和布斯克茨打双后腰，而不管是阿拉贡内斯还是瓜迪奥拉在巴萨从来都是打单后腰，因为一支主打进攻和控球的球队并不需要两名后腰，阿拉贡内斯和瓜迪奥拉都选择腾出一个后腰的位置给中场或者前锋，因为破密集防守需要更多的进攻球员。不过，博斯克的保守也可以理解，毕竟这是世界杯，细节上不能有丝毫失误。被批评的后腰主要是布斯克茨，因为球队的失球是因为他在后腰上的一次顶球失误，于是马德里媒体开始做文章说布斯克茨多余，巴塞罗那媒体也是一样，只不过说的是阿隆索多余，像在巴萨一样有布斯克茨一个人就够了。

布斯克茨当时是非常受气的，因为他是球队内最年轻的队员，也是最没名气和资历的球员，媒体拿他说事可以说是没有任何压力，布斯克茨回忆，当时全队休息时去了野生动物园散步，但他没去，因为他心情不好。不过大家都对他很支持，尤其是他的俱乐部队友哈维，布斯克茨最喜欢和哈维聊天。而博斯克在后来说了一句最著名的话："如果我能重生变成球员，我最希望变成布斯克茨那样的球员。"这句话在如今被当成描绘布斯克茨是不可多得的中场大将，但当时布斯克茨自己很清楚，那是博斯克拒绝争议的一种表示。"博斯克对我总有特别对待，因为是他把我招进国家队的。"

博斯克则回忆道："说我最想变成布斯克茨是我干过的最值得骄傲的一件事之一。我不是想和谁对着干，更不是想和批评我们的媒体对着干。我这么做只是不想背叛我自己，我想忠诚于我自己。我不是掌握真理的人，我也不是什么模范，但我有自己的信仰。"

西班牙队遭到信任危机，更重要的一点是老帅阿拉贡内斯说话了，他批评了西班牙队。媒体都引用阿拉贡内斯在半岛电视台批评西班牙队使用双后腰战术的言语，但阿拉贡内斯从来不承认，实际上从资料上能查到的是，阿拉贡内斯对西班牙队首场比赛的精神状态不满意，他说："首场比赛应该尽100%的全力，但西班牙队没有尽100%的全力。西班牙队很自信，因为球队以为很简单就能赢球。"

随后一场支持或者反对阿拉贡内斯的论战展开了，作为阿拉贡内斯的大弟子，哈维说道："阿拉贡内斯是这支球队的缔造者，他想说什么就说什么。而且我们可以不把别人的批评当回事，但一定要认真对待阿拉贡内斯的批评。"

尽管批评如潮水般袭来，但这并没有改变博斯克的想法，博斯克曾说过："关于记者，我肯定不会说的是他们狗屁不懂，我尊重那些有理有据的批评。"

博斯克看了一夜西班牙队对瑞士队的比赛录像，没有声音和解说，就那么像看无声电影一样看了一遍又一遍，最后博斯克得出了一个结论："我看了录像很多遍，但最让我担心的是我也不知道我们为什么输了。"与他有相同意见的还有球队核心哈维，哈维对他说："主帅，我看了比赛录像，我们踢得并不糟，这只是一个意外。"博斯克还记得当时输掉比赛后更衣室里气氛凝重，但有一名球员喊了一句"我们不能因为这场失利疯掉"。本来赛后第二天一早没有安排新闻发布会，但博斯克为了安抚媒体焦急的情绪，还是特别安排了一场新闻发布会，在会上他说明了西班牙队的打法没有问题，比赛本不应该输掉。

第二场比赛对洪都拉斯队，博斯克坚持自己的打法，只用纳瓦斯换下有伤的伊涅斯塔，用托雷斯换下席尔瓦，打双前锋。在首场比赛失利，第二场对洪都拉斯队这个小组最弱的对手时，博斯克使用了双前锋加一个边锋的进攻更加积极的阵型，比利亚状态很好，过两人后晃开第三人打进一球，后来还接到纳瓦斯传球打进一粒远射，西班牙队2比0获胜。不过，球队的表现并不尽如人意，比如普约尔在比赛结束后曾扔国旗，表示对球队的表现不满。

小组第三场比赛对智利队，如果西班牙队输球或者平球都可能提前回家，而且球队非常清楚这种可能性很大，卫冕冠军意大利队和亚军法国队已经提前出局了，欧洲冠军再出局似乎也不是什么大新闻。博斯克回忆道："当时前往球场的大巴上一片寂静。"此前拉莫斯当DJ还老放音乐，但第一场输球后就不放了。哈维说道："我们当时非常清楚可能我们就要回家了。"队长卡西利亚斯说自己当时的感觉非常差，从来没有那么差。全队只有一个人很轻松，那就是替补右后卫阿韦洛亚，他还在开导卡西利亚斯（很明显当时两人关系还很好）说："你都踢过上千场比赛了，这场比赛算什么啊。"马塔回忆说："我就记得当时博斯克跟我们说，你们只是球员而已，不要想太多。"

贝尔萨的智利队的整体协调能力非常强悍，防守时总是能保持对西班牙球员的2对1协防，但西班牙队的运气不错，比利亚的状态相当好，托雷斯一次反击被冲出禁区的门将扑开了脚下球，但比利亚在刚过半场的左路用不擅长的左脚直接吊门，球进了。卡西利亚斯开玩笑说："在中场，还是用左脚，这明显是个错误的选择。"比利亚说："伊克尔说错误，但对于一名前锋来说就是正确的选择。"此后，伊涅斯塔在第37分钟在前场连过2人后与队友打出二过一配合，自己射门再进一球，在这次进攻中智利队后卫埃斯特拉达因为领到第二张黄牌还被罚下。伊涅斯塔回忆说："一般我都和巴尔德斯坐一起，我和他说了我这场肯定进球，然后献给你。这场是进了，但我有时候说了也不进。"

比赛下半场最后时刻，双方谁都不愿意进攻，因为智利队和西班牙队同积6分已经携手出线，但是贝尔萨对球队的消极状态很不满意，还在要求球队进攻，但球队不太听话。同时，卡西利亚斯要求皮克不要着急开大脚进攻"挑动智利队，他们已经对自己小组第二的成绩满意了"，教练区的博斯克集中精神还没明白过味来，助手格兰德提醒他："他们不想继续进攻了。为什么？因为他们也出线了。"

1/4决赛，两个点球，摇摆的命运

西班牙队小组出线后在1/8决赛中遭遇葡萄牙队。葡萄牙队拥有一条非常稳固的后防线，西班牙队前锋托雷斯和比利亚找不到空当。这也是一场属于博斯克的经典比赛，因为他的换人起到奇效，他在下半场用高中锋略伦特换下了托雷斯。略伦特回忆道："博斯克让我盯住葡萄牙队的两个后卫，让我在锋线上拿住球，这也是我在俱乐部队做的事。"略伦特上场起到奇效，两次头球攻门都险些进球，同时也给西班牙队的小个子中前场队员提供了空间，比利亚回忆说："葡萄牙队的后卫卡瓦略和布鲁诺·阿尔维斯身体素质都很好，我们无法和他们对抗。但略伦特一上场就把两人都吃了。"

最终，在略伦特盯住对手两个中卫后，伊涅斯塔和哈维在禁区内配合，哈维用脚后跟把球传给比利亚，比利亚单刀第一次打门，被门将扑出，然后补射得分，西班牙队1比0过了自己伊比利亚兄弟这一关。

1/4决赛厄运再次被提及，毕竟西班牙队只是迈过欧洲杯1/4决赛那道坎，世界杯上还没有。西班牙队遭遇了目前巴萨主帅马蒂诺领军的巴拉圭队。比赛前出现的争议是，托雷斯状态不行，媒体要求托雷斯不要出场，但博斯克相信托雷斯，他说道："托雷斯是那种可能比赛中很长时间不碰球，但随时可能制造危险的球员。"这场比赛的前一天还出了一件事，那就是荷兰队把巴西队给淘汰了，巴西队、意大利队和法国队都被淘汰了，皮克回忆说："我当时和博斯克正在出租车上，巴西队被淘汰了，我想我们要夺冠了。"

想夺冠太早，这场比赛差点让西班牙队回家。比赛一开始，西班牙队就发现巴拉圭队的防守体系太厉害了，哈维回忆说："巴拉圭队的防守体系很稳定，我有一种感觉我们无法打进去。"上半场边裁出现了一个误判，巴拉圭队前锋巴尔德斯的进球被吹为越位在先而被取消。

　　下半场比赛，在一次防守角球时，皮克拉倒了巴拉圭高中锋卡多索，皮克后来解释道："后卫防定位球一是看球二是看人，卡多索做了个假动作，我看球后回来一看人没了，我当时只有0.1秒的时间作决定，很明显我作了个错误的决定。"

　　这是一个可以决定西班牙队命运的点球，哈维说道："我知道如果对方罚进点球，我们就可以回家了。"但神奇的卡西利亚斯拯救了皮克，他把卡多索的进球给扑了出去，这次扑救还有替补门将雷纳的功劳。雷纳是个研究点球的专家，对手谁罚点球、怎么罚都是他事先做科研，他早就告诉卡西利亚斯卡多索这个左脚将会在这么大压力的比赛中选择打门将左侧，卡西利亚斯凭着雷纳的建议和自己的直觉将点球扑了出去。

　　转眼间，比利亚为西班牙队创造了一个点球，因为当时比利亚在联赛中点球不进太多，点球手换成了阿隆索，阿隆索罚点球命中，但裁判判西班牙队有球员先进禁区因而点球要重罚，估计这是对巴尔德斯上半场那个好球被吹掉的补偿，第二次罚球阿隆索就没信心了，换了个角度罚点球（与第一次主罚时相比），结果球被扑出，但法布雷加斯在禁区内抢到了落点被对方又推倒，这次裁判就不再判点球了，西班牙队算是对巴尔德斯进球被吹掉做出了双份补偿。

　　博斯克的换人又显灵了，博斯克的临场指挥还真是屡次显灵，他换上的佩德罗踢得不错，距离比赛结束还有7分钟，伊涅斯塔中场连过2人后传给佩德罗，佩德罗的射门击中门柱弹出，比利亚补射再次打在门柱上但弹了进去，比利亚回忆说："其实当时我面前有一米的空间可以打门，但我也不知道我为什么要追求那么刁钻的角度，幸好皮球弹到门柱上进了。"有人说这是冠军的运气，准确地说这是西班牙足协主席维拉说的。西班牙队闯过了1/4决赛厄运。

半决赛，胜负手险些未出场

托雷斯在对巴拉圭队的比赛后知道自己在这场对德国队的半决赛中不会首发了，因为他知道自己不在状态。他的锋线搭档比利亚感到很难过但也理解："世界杯上有上千个摄像机，上千个焦点都对着你，如果你状态不好是很难继续比赛的。但我希望托雷斯能在我身边，因为我的很多进球都是因为他的因素打进的。"

除了托雷斯因状态不好无法首发外，博斯克还有个小算盘，那就是让佩德罗出场折磨德国队的左后卫拉姆，因为拉姆是德国队最好的边路球员，他的助攻给德国队提供了很大的选择。

　　比赛前还出现了一件事，那就是普约尔的膝关节不舒服，他在训练中总是感觉疼痛。我们都知道普约尔是个什么人，他在巴萨感觉自己状态不好就宣布离队了，连高额年薪都不要了，普约尔是不想因为自己的状态耽误俱乐部或者国家队的人，因此他找到理疗师劳尔跟他说要找博斯克谈话，因为自己有伤，必须要承认自己打不了这场重要比赛，但理疗师劳尔对他说："你为什么不让我给你先治疗一下呢？这是我的本职工作，等我治疗完了你再作决定。"结果经过理疗，普约尔的腿不疼了，最后这事也没让博斯克知道，普约尔出场了。

　　德国队先在1/8决赛狂灌了英格兰队4比1，然后在1/4决赛中又狂灌了阿根廷队4比0。媒体盛赞德国队已经进化了，不是欧洲杯决赛中那支德国队了。西班牙队新人哈维·马丁内斯说道："我当时紧张得要死，睡不着觉。但我听说巴塞罗那那些球员一点事没有，还在打乒乓球，那时候我就没那么紧张了。"他说的就是皮克和布斯克茨这帮人，皮克说："我吃得香，睡得好。你如果什么时候都集中精力想着比赛，那到最后你就头大了。"实际上西班牙队并不怕德国队，博斯克说："我发现德国人对我们相当尊重。"博斯克回忆时还讲了个笑话："以前我当球员的时候，我们一遇到德国队都感觉自己矮人家半头，一说起德国队的球衣都是阿迪达斯的，穿在身上都不出汗，我们的球衣不知道什么牌子的。现在我们双方的球衣都是阿迪达斯的了。"

比赛开始，西班牙队完全控制比赛，特别灵巧的佩德罗不是缠住了拉姆，而是用自己的进攻压得拉姆喘不过气来。博斯克非常欣赏佩德罗，他后来评价佩德罗说："佩德罗是球队的快乐。不错，足球是技术，是组织，这些都是大菜。但实际上含维他命最高、最有能量的是牛奶，有的时候感觉牛奶是次要的。一切的核心是激情，如果没有激情，什么都是空谈。佩德罗就代表这种维他命、这种激情和快乐。"

西班牙队有激情能控制比赛，但还缺乏最后一锤定音的人，而这个人却以一种特殊的方式出现了。上半场结束后回到更衣室的通道时，普约尔要求哈维发角球到点球点，这样普约尔就可以头球攻门。西班牙队整体身材矮小，而德国队身材高大，所以上半场有角球时球队都按照巴萨通常处理角球的方式，那就是发短角球，把角球转化为前场阵地进攻，这样可以避免德国队利用抢下角球落点打出反击，但普约尔要求哈维给自己一次机会。

第73分钟，西班牙队获得角球机会，哈维准确地把球开到了普约尔需要的地方，哈维的脚法不用多说，他自己说："我传球时的感觉就是想打到哪里就可以打到哪里。"当时皮克原地起跳就要顶到球了，但普约尔助跑起跳冲了上来，皮克回忆说："我马上就要头球攻门了，但我感觉一架飞机来了。"就这样，普约尔用德国人最擅长的方式打进德国队一球。

比赛最后时刻，佩德罗和托雷斯反击获得2打1的良机，但正在状态的佩德罗贪功了，他在禁区内第二次摆脱后卫时把球弄丢了，气得托雷斯暴跳如雷，佩德罗回忆说："我当时过了一个后卫前面就是大门，我找了个借口和托雷斯说我没看见他，但这的确是我一个严重的失误。"托雷斯说："幸亏我们赢了，我当时真想杀了他。不过我一直都很爱佩德罗，后来就没事了。"

西班牙队凭借普约尔的进球进入决赛了。赛后西班牙王后索菲亚来到更衣室看望球队，一个有意思的场面出现了，普约尔裹着浴巾就见了王妃，此后还有人批评普约尔不尊重王妃，普约尔回忆说："当时赛后我就去做理疗和冰敷膝盖，他们让我赶快出去说有事，我就出去了。"

哈维回忆自己赛后和勒夫相见的一幕说："勒夫赛后特别找到了我，他跟我说西班牙队不但是世界上最好的球队，还是他所见过的最好的球队。我当时也不知道对他说什么，只能说谢谢。"

决赛

在约翰内斯堡足球城体育场的世界杯决赛来临了，西班牙队面对的是荷兰队。西班牙队球员在赛前做好了充分的心理准备，哈维说道："我当时很清楚，这是世界杯决赛，要么我现在拿下它，要么就和它永别了，4年之后的事都不用想。"伊涅斯塔在比赛前一晚再次看了里卡特给他的光盘，赛前去理疗师劳尔那里按摩时，劳尔惊奇地对伊涅斯塔说："我从没见过你状态这么到位。"

前往球场的大巴上依然是一片宁静，大家都在让自己精力集中进入状态。雷纳回忆称，博斯克的赛前动员也没有什么特别的，但博斯克还是做了一件事。当时西班牙正处于经济危机来临后的第2年，很多国内舆论要求西班牙队夺冠，为西班牙的人民带来快乐，让西班牙这个国家振作起来，让西班牙这个多民族的国家团结起来更有向心力。但是博斯克不想让球员们承担改变国家历史、民族命运这种重担，他回忆说："我不希望球员们承担任何历史责任，也不希望他们承担爱国主义的责任。因此我对他们说：'的确，冠军对西班牙来说意味着很多，但我不想让你们成为爱国主义的捍卫者，我只希望你们成为足球的捍卫者。'我让每一名球员感到自己面对的是一场梦想的比赛，他们要捍卫的是足球，是梦想，是激情，是他们的职业。我希望他们以足球为出发点，而不是和政治扯上关系。有那么点能被控制住的爱国主义从来不是坏事，但我想说的是成为世界冠军不会成为我们永远团结在一起的原因，也不会让不团结者走得更远。"

博斯克的讲话和想法总是与中国国家队遇到的处境完全不同。我们一到重要比赛前就反复开会，教导球员们不要辜负国家和人民，但是带着这样的负担球员们是踢不好球的。足球首先是个游戏，之后才是比赛，足球是快乐的，足球变得沉重是对足球本质的颠覆，不符合足球运动的规律。

比赛开始前，金杯近在咫尺，皮克回忆入场时的感受说："我感觉当时是孩子在拉着我走，我自己都走不动了。"布斯克茨说道："人们都说决赛前看金杯会带来坏运气，但我不可能不看它，因为我梦想得到它。"

比赛开始了，荷兰队的确让西班牙队吃了一惊，这是一支由斯内德、罗本、范德法特和范佩西组成的荷兰队，但踢起来的风格却不属于荷兰队。荷兰人频频对西班牙队球员犯规，最著名的一张照片就是德容飞腿踢中阿隆索胸口，阿隆索回忆说："我当时不知道发生了什么，我只能集中注意力踢好比赛，不被对手挑动情绪。"德容对阿隆索的犯规只是比赛的一瞥，范博梅尔成为犯规最多的球员，不断铲、踩、踢他的前巴萨队友哈维和伊涅斯塔，尤其是伊涅斯塔，哈维还能保持冷静，找到范博梅尔说："你们现在这样不是荷兰队的作风。"伊涅斯塔在边路被踢倒后动了气，起来推了范博梅尔，因为裁判当时不在场没有被罚下。荷兰队能在一场决赛中如此大动作对付西班牙队，还有一个原因是裁判是英国人韦伯，英超裁判的风格是著名的大尺度，这与英超和英国人对足球的理解也有关系。

踢到第71分钟，罗本获得了一次单刀机会，卡西利亚斯幸运地用脚将射门挡出。但当晚罗本的状态太好，之后他又获得了一次单刀机会，当时在禁区外追罗本的普约尔先是手抱然后摔倒的时候又试图用身体绊住罗本，但勇猛的罗本没有倒而是冲进了禁区，普约尔回忆说："如果罗本当时倒了，我肯定被罚下了。"此时皮克已经追了上来，在左路封住了罗本，罗本想从右侧过掉门将卡西利亚斯，但卡西利亚斯是出了名的一对一扑球好手，而且他非常了解自己这位前队友的风格，把球从罗本脚下扑住，卡西利亚斯回忆说："我很清楚这就是罗本的风格，他就是喜欢一直带球，想让门将先做出动作他再做动作，我告诉自己一定要控制住，等到他想过我的时候已经太晚了，距离不够了，我把球抓了下来。"

比赛进入加时赛，荷兰队中卫海廷加在加时赛上半时吃到第二张黄牌被罚下。那时候西班牙队的球员们已经体能不支，意志力薄弱，很多球员开始准备等待进入点球，但博斯克对大家喊道："都别想点球决战。"博斯克再次重现了神奇换人，他在下半时和加时赛上半时换上了纳瓦斯、法布雷加斯和托雷斯，正是这3个人帮助西班牙队最终打进了决胜球。加时赛第116分钟，纳瓦斯在后场右路得球后打反击，自己狂奔30米到前场，后通过法布雷加斯转移给左路的托雷斯，托雷斯不在状态，他的一脚毫无边际的传中打到了禁区前沿范德法特的位置，范德法特解围却踢给了法布雷加斯，法布雷加斯顺势就斜传给了伊涅斯塔，伊涅斯塔右脚抽射，皮球滚入网内。伊涅斯塔回忆说："在那一刻，我感觉时间停止了，这个世界里只有我和球，我听到了寂静，我就知道球肯定会进。"

伊涅斯塔脱下了外衣露出纪念赛季前去世的好友哈尔克的内衣，伊涅斯塔的这一行为导致他去同城德比对手西班牙人队比赛时都受欢呼，因为哈尔克去世的时候是西班牙人队队长。西班牙队无论是主力还是替补，抑或是工作人员，都冲到了场边和伊涅斯塔拥抱，当时只有博斯克一个人留在替补席，要不说博斯克自控能力强呢，他赶快指挥球员们回场，因为比赛还有5分钟才结束。临近比赛结束又出了一件事，托雷斯在一次反击中拉伤肌肉不得不下场，托雷斯回忆说："我刚进更衣室，就被告知我已经是世界冠军了，我要出去领奖牌，当时我几乎都走不了路。如果有人让我签一份合同，让我用我的伤病换世界冠军，我马上签字。"

比赛结束了，西班牙队终于夺得了世界杯冠军，球员们喜极而泣，伊涅斯塔躺在草皮上嚎啕大哭，但这次是幸福的泪水。卡西利亚斯举起了大力神杯，并在赛后接受自己女友萨拉的现场直播采访时亲吻了女友。就在这一刻，西班牙队历史上那些不断重复的厄运都烟消云散了，哈维说："我们创造了一个时代。"比利亚说："好像西班牙人就不应该举起世界杯，现在我们摸到了。"

西班牙队创造历史，夺得了世界杯冠军，在当晚飞回西班牙的航班上，球员们都在商务舱和头等舱落座，而卡西利亚斯选择来到前面给记者和球迷们提供的经济舱落座，因为他要和自己的女友萨拉一起度过这最美丽的一晚。卡西利亚斯说："我见过邓加捧杯，我见过德尚捧杯，我见过卡福捧杯，我见过卡纳瓦罗捧杯，如今我自己终于捧起大力神杯。在经历了那么多磨难，听了那么多西班牙队不能夺冠的事，听到那么多关于我和萨拉的蠢话后，如今一切感情都释放了。"

十八、史无前例的三连冠

西班牙队夺得2010年世界杯冠军后继续向2012年波兰、乌克兰欧洲杯发起冲击，球队几乎没有做大的调整，只有左后卫的位置由在巴伦西亚崛起并最终在2012年欧洲杯前转会到巴萨的约尔迪·阿尔瓦担当主力。西班牙队在预选赛中保持全胜，顺利晋级2012年欧洲杯决赛圈。

卡西利亚斯的牺牲

在前进的路上并非完全是坦途，2011年，西班牙队面临分裂的危险，原因在于皇马和巴萨这两支西班牙顶级俱乐部的对抗。

弗洛伦蒂诺在2009年夏季重新当选皇马主席，弗洛伦蒂诺几乎改变了自己在第一个任期中的所有错误，原来他只买巨星，不重视球队的非巨星球员，球队缺人就拿青训球员凑数，拔苗助长（所谓的"齐达内加帕文政策"），他还崇洋媚外，不欣赏西班牙本土球员，但现在一切都改变了，他购买了西班牙国脚阿韦洛亚和阿隆索，也继续购买了世界级巨星卡卡和C.罗纳尔多，建立了一支从人员配备上来看达到顶级的皇马。但是弗洛伦蒂诺遇到了一个巨大的困难，那就是当时瓜迪奥拉领军的巴塞罗那达到了足球史上的一个巅峰，而在同一国踢球的皇马则被压得喘不过气来。

在第一个赛季（2009—2010赛季）使用主帅佩莱格里尼不成功后，弗洛伦蒂诺的选帅标准变得很简单，在欧洲谁能战胜瓜迪奥拉的巴萨谁就是皇马的新帅，穆里尼奥率领国际米兰在2009—2010赛季欧冠半决赛中淘汰巴萨，穆里尼奥便成为第一个年薪过千万欧元的主帅加盟皇马，而且皇马还赔了国际米兰1200万欧元的教练解约款。有一点要注意的是，球员有转会和转会费一说，而教练是从没有转会一说的，弗洛伦蒂诺实际上相当于买进了穆里尼奥。

　　然而，穆里尼奥在皇马依旧无法撼动巴萨的位置，首场国家德比就以0比5告负，这成为穆里尼奥执教史上最大的污点。用足球的方式战胜不了巴萨，穆里尼奥就率领球队打各种球外招，从比赛中的凶狠犯规到场外给裁判施加压力。那个年代被称为"世纪大战马拉松"的年代，两队从联赛打到杯赛，从杯赛打到欧冠，从欧冠又打到西班牙超级杯，多次的激烈碰撞让两队球员之间产生了摩擦，很多西班牙队的队友们在场上都各不相让，这些矛盾终于在2011年的西班牙超级杯上爆发，哈维和卡西利亚斯这两位自青年队时期就是好友的巴萨队长和皇马队长赛后在场地中间吵了起来，而在场边上穆里尼奥用手指戳了当时还是巴萨副帅的比拉诺瓦的眼睛。赛后，卡西利亚斯保持了和穆里尼奥一样的口径，指责自己的另一位国家队队友法布雷加斯假摔，让马塞洛被罚下。

　　赛后一天，卡西利亚斯就对自己的行为后悔了，在博斯克的撮合下，卡西利亚斯给巴萨队长哈维和普约尔打了电话道歉，希望双方能和好。穆里尼奥对卡西利亚斯不通知自己擅自联系死敌巴萨的队长这事非常不满，尽管他说："卡西利亚斯爱给谁打电话就打，我不在乎。"但就在此后的伯纳乌杯友谊赛中，卡西利亚斯第一次当了替补，当时媒体普遍认为这是穆里尼奥对卡西利亚斯的惩罚。

卡西利亚斯打电话给哈维被认为是卡西利亚斯和穆里尼奥矛盾的源头，穆里尼奥在自己在皇马的最后一个冬季转会中引进了迭戈·洛佩斯，从此卡西利亚斯失去了主力门将的位置，到安切洛蒂时代球队继续延续了穆里尼奥这个决定。这一系列事是不是真实可信的呢？从几年后的消息看确实如此，哈维的父亲接受采访时证实了这件事："伊克尔和穆里尼奥之间的事最终被媒体曝光，大家都知道了，博斯克当时必须要介入，尽管哈维和伊克尔从来不想毁掉他们之间的友谊。如果不是因为卡西利亚斯、哈维和博斯克，西班牙队走不到后来。当时阿韦洛亚、阿隆索和拉莫斯在世纪大战中的行为并不合适，幸亏有卡西利亚斯和哈维介入。有人（指穆里尼奥）当时想毁了西班牙队。"

尽管卡西利亚斯为西班牙队的利益牺牲了自己在皇马的主力位置，但博斯克一直坚持让卡西利亚斯作为西班牙队主力门将和队长，博斯克说得也很清楚，卡西利亚斯是为了西班牙队受害的，西班牙队一定要支持他，被媒体呼吁取代卡西利亚斯的巴尔德斯更是支持卡西利亚斯才是球队永远不能动摇的主力和队长。后来还有巴萨球迷在互联网上呼吁卡西利亚斯加盟巴萨，因为当时巴尔德斯已经宣布不和俱乐部续约，不过这只是一则趣闻，卡西利亚斯骨子里就是皇马人，不可能加盟巴萨。

无锋西班牙队再起波澜

前往乌克兰之前，西班牙队遇到的最大困境是，近三届大赛都扮演西班牙队得分手的比利亚在为巴萨打世俱杯的时候左腿胫骨骨折，最终比利亚也没能在欧洲杯开赛前及时找到状态，尽管他和另一名有伤的老球员普约尔都去了乌克兰探望球队。

比利亚的缺席对西班牙队有着至关重要的影响，博斯克还是带了3名前锋托雷斯、内格雷多和略伦特去欧洲杯，但这3人没有一个可以像比利亚一样那么高效，那么能适合球队的传控风格。大中锋略伦特肯定是一种应急时的手段，托雷斯是反击型速度型前锋，他的控球和与队友们配合的能力差，而内格雷多虽然能比略伦特更多地参与配合，但他也还是个抢点型的大中锋。

首战对老对手意大利队，西班牙队已经92年没有在正式比赛中战胜过意大利队，也就是从1920年安特卫普奥运会后，西班牙队还没有战胜过意大利队，尽管在2008年欧洲杯中以点球大战跨过意大利队这道门槛。这场比赛，西班牙队还是没能战胜意大利队，打破历史纪录还要等到21天后。

博斯克惊人的举动是，在首发阵容中没有使用中锋，而是用了法布雷加斯打假中锋。西班牙队成功的历史和巴萨的历史总是分不开，不但国家队中巴萨的球员最多，而且巴萨的战术也在影响着西班牙队的战术。从2009—2010赛季开始，瓜迪奥拉让梅西改打假中锋取得了举世瞩目的成功。西班牙队只恨没有梅西，但博斯克知道比利亚赶不上欧洲杯，所以早就做好了准备，那就是使用法布雷加斯打中锋，尽管法布雷加斯刚到波兰集训时还有伤，但他在巴萨时曾代替过受伤的梅西出任中锋，有打中锋的经验。

西班牙队遇到的意大利队也不是以往的意大利队，普兰德利把意大利队改造成一支重视中场、重视传递的球队。很难说博斯克的假中锋战术是否正确，但西班牙队又犯了打不好第一场比赛的毛病，对意大利队的比赛打得并不好，全队传球失误达到100次，哈维和阿隆索两人一共传球失误30次。不过，法布雷加斯还是很争气的，在迪纳塔莱先进球后3分钟就扳平了比分。

赛后，西班牙队的状态尤其是博斯克的假中锋战术再次遭到批评，情况与南非世界杯时基本相同，当时争的是双后腰，如今争的是该不该上中锋。博斯克的处理手段依旧，紧急接受媒体采访，耐心说明球队踢得不差，但不会改变自己的战术。

第二场对小组最弱的爱尔兰队，中锋托雷斯终于出场。说博斯克保守也要看对象，对爱尔兰队这样的弱队博斯克是绝对不会保守的。结果西班牙队胜得很轻松，4比0大胜，托雷斯梅开二度，席尔瓦打进一球，最后法布雷加斯把托雷斯换下打进一粒小角度抽射。打进最后一球后法布雷加斯愤怒庆祝，很明显他是不服媒体对自己打假中锋的质疑。西班牙队还以815次传球成功创造了欧洲杯新的传球成功纪录，而哈维个人传球成功127次也成为西班牙队新的历史纪录。比赛中西班牙队控球率达到73%，27次射门，15次射中门框内，这基本可以说明两队的差距。

"一夜暴富，什么都嫌少"

小组第三场比赛，西班牙队遭遇克罗地亚队的顽强阻击，托雷斯再次首发，不高兴的法布雷加斯再次打了替补。克罗地亚队是一支防守相当稳健的球队，面对这种在后场玩铁桶阵的球队，托雷斯的作用并不大，第一个被换下。克罗地亚队的反击打得非常好，拉基蒂奇一次面对卡西利亚斯的包抄打门被卡西利亚斯神奇化解。比赛最后时刻，替补出场的法布雷加斯直传反越位的伊涅斯塔，另一位替补出场的纳瓦斯接到伊涅斯塔的横传打空门得分，比分为1比0。

西班牙队虽然赢了这场比赛，但媒体从球队身上看不到希望，认为球队踢得太差了，博斯克对媒体的这种态度并不欣赏，他说道："什么拿来给西班牙，我们都觉得少，因为我们一夜暴富，不珍惜自己获得的东西。对克罗地亚的这场比赛，我反复看了，除了拉基蒂奇那次机会，我们没有给对手更多机会，我的防守是平衡的。"伊涅斯塔也说道："不要想着我们对任何对手都3比0获胜，那是不可能的。"

数据证明博斯克的话是有道理的，小组赛结束后的技术统计显示：西班牙队是控球时间最长的球队，是在对方半场停留时间最长的球队，是传球最多的球队，是进球最多的球队（6球），是射正球门最多的球队（61次），同时也是被进球最少的球队（1球），是场均被射门最少的球队（6次），是仅次于俄罗斯队断球第二多的球队。

小组顺利出线后，西班牙队在1/4决赛中遭遇法国队。此前西班牙队在正式比赛中从来没有战胜过法国队，但这支法国队并不可怕，相反是到了法国人畏惧的时刻。法国队主帅布兰克上了两名右后卫防范约尔迪·阿尔瓦和伊涅斯塔的进攻，但西班牙队还是从这一路打了进去，约尔迪·阿尔瓦传中，阿隆索打进1球，此后阿隆索点球再进一球，阿隆索梅开二度，这是个好日子，是他代表国家队踢的第100场比赛。这场比赛的首发前锋又变成法布雷加斯，后被托雷斯换下，但两人都没有可圈可点的表现。

半决赛面对难缠的葡萄牙队，世界杯1/8决赛中，凭借比利亚的一个进球，西班牙队艰难淘汰葡萄牙队，本场比赛博斯克让内格雷多首发，但对他的表现还是不满意，下半场又换上了法布雷加斯，球队踢得的确更顺畅，但还是无法撕破葡萄牙队的防线。双方来到点球决战，西班牙队倒是不怕点球大战，主要原因是，他们有杀手锏卡西利亚斯。另外一个原因是，西班牙队信心爆棚，博斯克赛后说道："所有主罚点球的球员都是自告奋勇主罚的。"4年前那种阿拉贡内斯指派古伊萨主罚点球，古伊萨不心甘情愿最终罚丢的情况荡然无存。

西班牙队第一个主罚的阿隆索就把球罚丢了，但卡西利亚斯扑住了葡萄牙队第一个主罚的穆蒂尼奥的点球，此后伊涅斯塔和皮克先后罚中，其中皮克是在自己的第277场职业比赛中首次踢 个点球。葡萄牙队的佩佩和纳尼也分别打进，第4个主罚的拉莫斯罚了个勺子点球，这在国外叫帕年卡点球，用来纪念第一个用这种方式主罚点球的捷克球员帕年卡，后来西班牙有一本足球杂志名字就叫《帕年卡》。当时博斯克看到拉莫斯用这种方式罚点球，一脸凝重，尽管事后他盛赞拉莫斯罚得好，以后要罚多少个这样的点球都可以。

最有信心的是法布雷加斯，博斯克本来准备让法布雷加斯罚第二个点球，但法布雷加斯说不行，他要罚最后一个。法布雷加斯罚中了最后一个点球，而葡萄牙队的布鲁诺·阿尔维斯将点球罚失，西班牙队再次进入决赛，葡萄牙队最后一个主罚点球的C. 罗纳尔多没有得到出场机会。

我们必须要相信卡西利亚斯的神奇，在卡西利亚斯之前，西班牙队经历过3次点球大战，就晋级过一次，对手主罚了14个点球打进了13个。卡西利亚斯为西班牙队守门后，西班牙队经历4次点球大战，晋级了3次，只在2002年韩日世界杯1/4决赛点球大战中被韩国队淘汰，对方一共射点球18次，打进11球，在没进的7个球里面，卡西利亚斯扑出5个，另有2个踢飞了。

从没罚过点球的皮克，玩勺子点球的拉莫斯，还有拒绝主罚第二球坚持主罚最后一球的法布雷加斯，重现自己4年前的经历时，都说博斯克的确是个好说话的教练，博斯克自己也说："法布雷加斯要罚第五个，不罚第二个，这没什么，我们不会在这种小事上争吵。"前面已经说过，博斯克是个抓大放小的教练，后来他自己说："有时候我们说明天11点集合，但有的队员会问你11点半行不行，那就11点半，这种事没什么可计较的。"

打破宿命，成就连冠

决赛中，西班牙队再次与意大利队相遇。本来大家都期待德国队和西班牙队再进行一次欧洲杯决赛重演，但意大利队在半决赛中2比1完胜德国队，厄齐尔在补时阶段才打进一粒安慰性的点球。阿拉贡内斯评价这场比赛说："德国队想学习西班牙队的踢法，但它并没有西班牙队的球员，要论脚下技术，明显意大利人更好。"

西班牙队和意大利队，是两支欧洲技术最好的球队，而且在这一天都同样打控球打进攻，这是一场彰显足球魅力的盛宴。法布雷加斯再次首发，法布雷加斯、伊涅斯塔、哈维和席尔瓦4名小个子球员同时首发也说明了博斯克要在足球上击败意大利队。最终西班牙队4比0战胜了意大利队，这也是西班牙队92年历史中第一次在正式比赛中战胜意大利队，也是在欧洲杯和世界杯决赛中出现过的最大比分。西班牙队的4个进球中第一个进球最具代表性，西班牙队全队9人参与了这次进攻，经过了15脚传递最终由法布雷加斯助攻席尔瓦首开纪录。此后阿尔瓦利用自己的边路速度再进一球，替补出场的马塔和托雷斯也利用反击各进一球。在整场比赛中，西班牙队成功传球538次，意大利队成功传球397次，差距并不明显。

意大利队主帅普兰德利在赛前就盛赞"西班牙队代表了我喜欢的现代足球"，输掉决赛后，他仍然对球队的表现满意："我们在欧洲杯中的表现相当伟大，我的球员们展示了他们可以不踢人一样能踢出好球，他们也可以体面地输球。"

如果说之前外界对博斯克的保守和不使用中锋战术还有争议，那么一场对意大利队4比0的决赛让一切烟消云散了。国际媒体对西班牙队的盛赞再次达到不可复加的高度，法国《巴黎人报》称，"西班牙队，历史最美的球队"，《队报》头版只有一个西班牙语单词"谢谢"，英国《卫报》称西班牙队是"史上最佳球队"。

夺得2012年欧洲杯后，西班牙队与德国队一样成为夺得欧洲杯次数最多的国家（3次）。西班牙队成为历史上第一支连续夺得3次大赛（欧洲杯、世界杯、欧洲杯）冠军的球队。

目前西班牙队正在冲击2014年巴西世界杯，我们在2012年欧洲杯上已经发现了一个问题，那就是继比利亚之后西班牙队找不到合适的前锋，所以才使用法布雷加斯这个应急策略。如今，博斯克找到了一个解决的办法，那就是做通了一直在西班牙踢球的巴西前锋迭戈·科斯塔的工作，让他代表西班牙在自己的祖国巴西为西班牙队冲击世界杯。从实力上看，西班牙队是冲击2014年巴西世界杯的最大热门。西班牙队的光辉历史是一部没有写完的历史。

后记　西班牙队成功提供的经验

西班牙队能从一个总是不争气的足球病夫到今天建立一个时代，成为历史上最好的球队之一，经历了一个漫长的演化过程。在这个过程中，球队也走了很多弯路，找不到方向，每次离奇被淘汰都不知所以。西班牙队成功的历史不是一个像意大利队、德国队或者巴西队那样天生就懂得踢球、懂得胜利的历史，这是一部苦苦寻找出路，最终找到光明的励志历史。

实际上，西班牙队的历史和我们中国足球的历史有很多相似的地方，通过西班牙队成功的经历，我们应该相信只要我们找到正确的方法论是可以让中国足球挤进世界足坛舞台的。

最开始便是要建立完善的青训体制，1982年西班牙本土世界杯上，西班牙队很失败，当时的主帅圣马里亚曾说："15年前，我们根本不会怕荷兰人和德国人，一支荷兰球队来伯纳乌比赛最少被灌5个回家。但他们现在的工作做得很好，他们有训练场，会给照顾孩子们的教练发不错的薪水，而我们在这里什么都没干，一名球员往往到了二十一二岁身体素质还不行，技术上还有很大的缺陷。我们要慢慢收复失地，现在每天早上8点半去皇马基地都能看到有孩子们踢球，一直到晚上都有孩子们踢球，很多俱乐部都在搞青训，巴塞罗那、毕尔巴鄂、塞维利亚、拉斯帕尔马斯，等等。"

在整理资料的时候，笔者发现了圣马里亚这段珍贵的讲话，这反映出当时西班牙刚刚建立起青训制度，这为日后西班牙队创造一个时代奠定了正确的基础。实际上在20世纪70年代，西班牙各个俱乐部才开始认真搞青训，如今世界闻名的巴萨青训基地拉马西亚也是在20世纪70年代诺坎普球场刚修建好时创建的。一个国家的足球要发展首先要培养出优秀的球员，如果连合适的球员都找不到，那谈什么流派、风格都是白搭。

也正是在创立青训制度10多年后，西班牙近代足球史上第一批好球员出现了，那就是皇马的五鹰，尽管五鹰没能帮助皇马夺得欧冠冠军，也未能帮国家队有什么突破，但他们重视技术的风格已经深入人心。不过，五鹰只是自然出现的球员，并非是定向培养的。到了20世纪80年代末期，克鲁伊夫执教巴塞罗那时，"巴萨教父"到队里首先去的是青训基地，从那一天起他统一了所有青训队的训练风格，在一个还认为足球是凭身体强壮度吃饭的时代，克鲁伊夫开创了技术流。从那以后，无论克鲁伊夫在不在巴萨，对俱乐部有没有影响力，球队都深深打上了他的烙印，巴萨走上了注重控球和技术的路线，这实际上就是今天的tiqui taca风格的雏形。

克鲁伊夫为西班牙足球设计了一条最适合的路。荷兰人本想把"全攻全守"足球嫁接到西班牙，但全攻全守足球对体能的要求非常高，荷兰终年多阴雨，气温低，球员们更喜欢奔跑，而西班牙则是欧洲阳光最充足的国家之一，在高温下，这里的孩子无法保持整场比赛奔跑，而是更喜欢斗脚下技术，所以这里的人更喜欢传球，而不是自己跑。全攻全守的精髓在于全队都参加攻守，这种精神嫁接在西班牙人爱传球的特点上便成了今天的tiqui taca。

克莱门特执教西班牙队期间，忽视了西班牙技术足球的发展，他认为当时世界足球的潮流还是防守，还是身体对抗，所以他带西班牙队也走这条路。实际上这是条歧路，是一条忽视了西班牙足球特点的道路。到这里我们才谈到球队的风格，因为西班牙队已经有了瓜迪奥拉等一批为"梦之队"拿下过欧洲冠军的出众球员。直到敏感的阿拉贡内斯察觉到西班牙队的传球和技术才是绝世无双的，今天的西班牙队才正式确定下了tiqui taca风格。西班牙队也一举连续拿下三次大赛冠军。

也许西班牙队夺得不了2014年的巴西世界杯，毕竟要夺冠还是需要那么点运气的，但西班牙队在未来绝不会再度变成一个平庸的足球国家，因为西班牙的青训体系已经运转起来，停不下来。不要以为哈维、伊涅斯塔这黄金一代球员退役以后，西班牙足球就后继无人了，像蒂亚戈这样的年轻新秀已经在拜仁站稳脚跟，而伊斯科也在皇马阵中跃跃欲试。曾经的西班牙是球员进口国，如今巴萨和皇马还在进口世界上最好的球星，但西班牙整体上正在向球员出口国转变，内格雷多、纳瓦斯、卡索拉、阿尔特塔、马塔等都成为英超各支球队的重要球员，这是因为西班牙品牌的球员质量得到了业内认同。

中国队想请一位西班牙籍主帅的思路是好的，但中国足球更应该学习西班牙青少年足球培养的体系和科学的方法。也许巴西是出产天才最多的国家，但毫无疑问西班牙是最会后天雕琢球员的地方。

附　录

表1　历届世界杯西班牙队成绩

年份	成绩	排名	比赛数	胜	平	负	进球数	失球数
1930年乌拉圭世界杯	未参赛							
1934年意大利世界杯	1/4决赛	5/16	3	1	1	1	4	3
1938年法国世界杯	退赛							
1950年巴西世界杯	第4	4/13	6	3	1	2	10	12
1954年瑞士世界杯	未出线							
1958年瑞典世界杯	未出线							
1962年智利世界杯	小组赛	12/16	3	1	0	2	2	3
1966年英格兰世界杯	小组赛	10/16	3	1	0	2	4	5
1970年墨西哥世界杯	未出线							

续上表

年份	成绩	排名	比赛数	胜	平	负	进球数	失球数
1974年德国世界杯	未出线							
1978年阿根廷世界杯	小组赛	10/16	3	1	1	1	2	2
1982年西班牙世界杯	第二轮	12/24	5	1	2	2	4	5
1986年墨西哥世界杯	1/4决赛	7/24	5	3	1	1	11	4
1990年意大利世界杯	1/8决赛	10/24	4	2	1	1	6	4
1994年美国世界杯	1/4决赛	8/24	5	2	2	1	10	6
1998年法国世界杯	小组赛	17/32	3	1	1	1	8	4
2002年韩日世界杯	1/4决赛	5/32	5	3	2	0	10	5
2006年德国世界杯	1/8决赛	9/32	4	3	0	1	9	4
2010年南非世界杯	冠军	1/32	7	6	0	1	8	2
2014年巴西世界杯		/32						
总计	总排名第6 1次夺冠		56	28	12	16	88	59

表2　历届世界杯西班牙队主教练

年份	主教练姓名
1930年乌拉圭世界杯	未参赛
1934年意大利世界杯	加西亚·德萨拉萨尔（García de Salazar）
1938年法国世界杯	退赛
1950年巴西世界杯	吉耶尔莫·埃萨吉雷（Guillermo Eizaguirre）
1954年瑞士世界杯	未出线
1958年瑞典世界杯	未出线
1962年智利世界杯	巴勃罗·埃尔南德斯（Pablo Hernandez）
1966年英格兰世界杯	何塞·比利亚隆加（José Villalonga）
1970年墨西哥世界杯	未出线
1974年德国世界杯	未出线
1978年阿根廷世界杯	库巴拉（Kubala）
1982年西班牙世界杯	圣马里亚（Santamaria）
1986年墨西哥世界杯	米格尔·穆尼奥斯（Miguel Muños）
1990年意大利世界杯	路易斯·苏亚雷斯（Luis Suarez）
1994年美国世界杯	克莱门特（Javier Clemente）
1998年法国世界杯	克莱门特（Javier Clemente）
2002年韩日世界杯	卡马乔（Camacho）
2006年德国世界杯	路易斯·阿拉贡内斯（Luis Aragones）
2010年南非世界杯	博斯克（Del Bosque）
2014年巴西世界杯	博斯克（Del Bosque）

表3　历届世界杯西班牙队队长

年份	队长姓名
1930年乌拉圭世界杯	未参赛
1934年意大利世界杯	萨莫拉（Zamora）
1938年法国世界杯	退赛
1950年巴西世界杯	盖恩萨（Gainza）
1954年瑞士世界杯	未出线
1958年瑞典世界杯	未出线
1962年智利世界杯	科利亚尔（Enrique Collar）
1966年英格兰世界杯	索科（Ignacio Zoco）
1970年墨西哥世界杯	未出线
1974年德国世界杯	未出线
1978年阿根廷世界杯	皮里（Pirri）
1982年西班牙世界杯	阿科纳达（Arconada）
1986年墨西哥世界杯	卡马乔（Camacho）
1990年意大利世界杯	布特拉格诺（Butragueño）
1994年美国世界杯	苏比萨雷塔（Zubizarreta）
1998年法国世界杯	苏比萨雷塔（Zubizarreta）
2002年韩日世界杯	耶罗（Hierro）
2006年德国世界杯	劳尔（Raul）
2010年南非世界杯	卡西利亚斯（Casillas）
2014年巴西世界杯	卡西利亚斯（Casillas）

表4　历届世界杯西班牙队10号

年份	球员姓名
1930年乌拉圭世界杯	未参赛
1934年意大利世界杯	球员球衣未印号码
1938年法国世界杯	退赛
1950年巴西世界杯	球员球衣未印号码
1954年瑞士世界杯	未出线
1958年瑞典世界杯	未出线
1962年智利世界杯	格拉西亚（Gràcia）
1966年英格兰世界杯	路易斯·苏亚雷斯（Luis Suarez）
1970年墨西哥世界杯	未出线
1974年德国世界杯	未出线
1978年阿根廷世界杯	桑蒂利亚纳（Santillana）
1982年西班牙世界杯	萨莫拉（Zamora）
1986年墨西哥世界杯	卡拉斯科（Carrasco）
1990年意大利世界杯	费尔南多·戈麦斯（Fernando Gómez）
1994年美国世界杯	巴克罗（Bakero）
1998年法国世界杯	劳尔（Raul）
2002年韩日世界杯	特里斯坦（Tristán）
2006年德国世界杯	雷耶斯（Reyes）
2010年南非世界杯	法布雷加斯（Fàbregas）
2014年巴西世界杯	法布雷加斯（Fàbregas）

表5　西班牙队历届世界杯射手

年份	球员姓名
1930年乌拉圭世界杯	未出线
1934年意大利世界杯	兰加拉（Langara）2球
1938年法国世界杯	退赛
1950年巴西世界杯	巴索拉（Basora）、萨拉（Zarra）各4球
1954年瑞士世界杯	未出线
1958年瑞典世界杯	未出线
1962年智利世界杯	佩罗（Peiro）、阿德拉多·桑切斯（Adelardo Sanchez）各1球
1966年英格兰世界杯	富斯特（Fuste）、阿曼西奥（Amancio）、皮里（Pirri）、曼努埃尔·桑奇斯（Manuel Sanchis）各1球
1970年墨西哥世界杯	未出线
1974年德国世界杯	未出线
1978年阿根廷世界杯	达尼（Dani）、阿森西（Asensi）各1球
1982年西班牙世界杯	绍拉（Saura）、华尼托（Juanito）、乌法特（Ufarte）、赫苏斯·萨莫拉（Jesus Zamora）各1球
1986年墨西哥世界杯	布特拉格诺（Butragueño）5球
1990年意大利世界杯	米歇尔（Míchel）4球
1994年美国世界杯	卡米内罗（Caminero）3球
1998年法国世界杯	莫伦特斯（Morientes）、耶罗（Hierro）各2球

续上表

年份	球员姓名
2002年韩日世界杯	莫伦特斯（Morientes）、劳尔（Raul）各3球
2006年德国世界杯	比利亚（Villa）、托雷斯（Torres）各3球
2010年南非世界杯	比利亚（Villa）5球

表6　西班牙队世界杯最伟大射手

（世界杯总进球数最多球员）

球员姓名	总进球数
比利亚（David Villa）	8球
布特拉格诺（Butragueño）	5球
耶罗（Fernando Hierro）	5球
莫伦特斯（Morientes）	5球
劳尔（Raul）	5球
巴索拉（Basora）	4球
米歇尔（Michel）	4球
萨拉（Zarra）	4球
卡米内罗（Caminero）	3球
萨利纳斯（Salinas）	3球
托雷斯（Torres）	3球

表7 世界杯总出场次数最多的西班牙球员排名

球员姓名	出场次数	世界杯届次
苏比萨雷塔	16场	1986年、1990年、1994年、1998年
卡西利亚斯	15场	2002年、2006年、2010年
哈维	14场	2002年、2006年、2010年
普约尔	14场	2002年、2006年、2010年
耶罗	12场	1994年、1998年、2002年
路易斯·恩里克	12场	1994年、1998年、2002年
萨利纳斯	12场	1986年、1990年、1994年
比利亚	11场	2006年、2010年
托雷斯	11场	2006年、2010年
劳尔	11场	1998年、2002年、2006年
卡马乔	10场	1982年、1986年
阿隆索	10场	2006年、2010年
塞尔吉奥·拉莫斯	10场	2006年、2010年

2006年3月15日，国际足联代表马科恩女士宣布《体坛周报》成为国际足联中国地区官方合作媒体。

巴西球王贝利展示刊有自己报道的《足球周刊》。

2012年欧洲杯决赛夺冠后，西班牙队主帅博斯克拿着《体坛周报》欧洲杯期间的头版作秀。

2006年世界杯前，《体坛周报》记者张力采访德国国家队主教练克林斯曼。

《体坛周报》记者滨岩为梅西颁发金靴奖。

前法国著名球员，欧足联主席普拉蒂尼。

米卢蒂诺维奇与《体坛周报》世界杯出线号外特刊合影。

西班牙球星伊涅斯塔与本书作者合影。